John Selby, geboren 1945 in Kalifornien, studierte nach Abschluß seines Psychologiestudiums an der Princeton University und der University of California unter Alexander Lowen und Charles Kelley Bioenergetik. Anschließend wurde er durch Alan Watts und Krishnamurti in spiritueller Heilkunst unterrichtet und nahm das Studium der Bio-Physik unter R. Abraham auf. Er beteiligte sich an Forschungsarbeiten des Neuro-Psychiatric-Institute unter Professor Osmond und entwickelte Sehverbesserungsprogramme für Apple- und IBM-Computer. Neben seiner Arbeit als Therapeut ist John Selby durch zahlreiche Veröffentlichungen in den Bereichen Persönlichkeitsentfaltung und Gesundheitsvorsorge bekannt geworden. Er lebt heute in Kilauea, Hawaii.

Von John Selby sind außerdem erschienen:

*»Hilfe für angestrengte Augen«* (Band 7890)
*»Jung und vital bleiben«* (Band 7891)
*»Liebevolle Massage«* (Band 7892)
*»Gut schlafen«* (Band 7894)
*»Alkohol«* (Band 7895)
*»Gutes Sehen über 40«* (Band 7896)
*»Gesunde Liebe zum Geld«* (Band 7897)
*»Intuition und Lebenskraft«* (Band 7898)
*»Die Macht unserer Träume«* (Band 7899)

Deutsche Erstausgabe Mai 1991

Titel der Originalausgabe »Bellytalk«

Umschlaggestaltung Adolf Bachmann, Reischach
Umschlagillustration Brigitte Smith, München
Satz MPM, Wasserburg
Druck und Bindung Elsnerdruck, Berlin
Printed in Germany 5 4 3 2 1
ISBN 3-426-07893-7

# John Selby:
# Abschied vom Bauch

## Hilfe zur Bekämpfung der männlichen Rundung

Aus dem Amerikanischen von Peter Hübner

Knaur®

Auskunft über Seminare mit John Selby erhalten Sie bei:

Wolfgang Gillessen
Ettalstr. 42 a
8000 München 70

# Inhalt

# Einleitung

## Männer wachsen in die Höhe und in die Breite

Dieses Buch befaßt sich eingehend mit jener zeitlosen, universellen Erscheinungsform, die Männer auf der ganzen Welt entweder akzeptieren oder zu verändern bemüht sind. Ob groß oder klein, reich oder arm, hetero- oder homosexuell, schwarz, weiß oder welcher Hautfarbe auch immer — wenn Männer in die mittleren Jahre kommen, heißt es auf die Ausmaße der Gürtellinie achten.

Der lächelnde Buddha ist auf der östlichen Halbkugel seit vielen Jahrhunderten eine bedeutende Leitfigur. Er wird mit einem dicken Bauch dargestellt. Auf vielerlei Weise und in zahlreichen Kulturen galt und gilt der voluminöse Bauch als Zeichen des Glücks, des Erfolgs und sogar der Erleuchtung.

Doch unser Kulturkreis zollt dem umfangreichen Bauch keineswegs uneingeschränkte Anerkennung. Wir fürchten eher, daß eine hervortretende Taille auch in den Anfangsstadien den Verlust von jugendlicher Kraft und Attraktivität ankündigt. Auch ist uns die füllige Leibesmitte peinlich, spricht sie doch von mangelnder Disziplin, was unsere Körperbewegung und Ernährungsgewohnheiten betrifft. Wir machen uns zudem Sorgen dar-

über, daß unsere zusätzlichen Kilos und die Körperfülle zu Gesundheitsproblemen führen könnten, wenn wir nichts dagegen unternehmen.
Ich will gleich zu Beginn dieses Buches erwähnen, daß ich zu jenen Männern gehöre, die sich ständig anstrengen müssen, um ihren Bauch in Form zu halten. Das Buch beschränkt sich also nicht auf eine therapeutische Diskussion über die Methoden, die ich bei Patienten anwende, die ihre Körpermitte in den Griff bekommen wollen, sondern es ist darüber hinaus eine Schilderung meines persönlichen Weges hin zu Bauchbewußtsein und Fitneß.
Dem Mann ist vielleicht nichts wichtiger als seine Beziehung zu seiner Bauchgegend, denn sie ist das körperliche und emotionale Zentrum unseres Wesens. Unser Geist und unser Herz bestimmen sicherlich unsere Gefühle und Gedankengänge, aber der Ursprung unserer persönlichen Kraft und des emotionalen Ausdrucks liegt tief in unseren Eingeweiden. Ein Buch zu dem Thema hat also hohen praktischen Wert.
Ich möchte jedoch gleich klarstellen, daß ich nicht von einer Idealvorstellung eines Bauches ausgehe. Jeder Mensch hat eine ihm eigene Körperstruktur und eine einzigartige Persönlichkeit, und die Kombination von beiden bestimmt die optimale Bauchgestaltung.
Auch bei der Beschaffenheit unseres Bauches läßt sich die Uhr nicht zurückdrehen. Viele Männer vergleichen ihren heutigen Zustand mit dem in jün-

geren Jahren und bemühen sich dann, die jugendliche Form zurückzugewinnen. Das ist nicht der richtige Weg. Wir können zu einer neuen Beziehung zu unserem Bauch gelangen, aber wir können nicht in die Vergangenheit zurückkehren. Mit dieser Tatsache müssen wir positiv umgehen, sonst erreichen wir nie eine befriedigende Beziehung zu unserem Bauch.

Jeder Mensch muß die Größe und Form seines Bauches letztendlich selbst entscheiden. Für manche Männer ist es völlig natürlich, mit einem behäbigeren Bauch zu leben, und ich fälle in keiner Weise irgendein Urteil über Ihre gegenwärtige Bauchgröße oder darüber, wie Sie wirken möchten. Die Frage ist nur die: Entspricht Ihr Umfang Ihrem Wunsch, oder schlich er sich ein, als Sie nicht aufgepaßt haben?

Ich möchte Ihnen praktische Methoden zugänglich machen, mit denen Sie Ihre Beziehung zu Ihrem Bauch körperlich, emotional und auf einer tieferen spirituellen Ebene erforschen können. Wenn Sie verstanden haben, wie Ihr Bauch Ihr Leben beeinflußt, möchte ich Ihnen Praktiken anbieten, mit denen Sie seine Beschaffenheit verbessern können, falls Sie das wünschen.

Ich werde Sie im Laufe dieser Diskussion häufig bitten, sich Fragen zu Ihrer Beziehung zu Ihrem Bauch zu stellen, die auf Anhieb vielleicht albern oder sogar peinlich wirken, aber auch als notwendige Herausforderung aufgefaßt werden können. Es wird sich lohnen, diese Herausforderung anzunehmen. Ich möchte Sie durch die gleiche Folge von Erfahrungen und Reflexionen führen, die wir gemeinsam durcharbeiten würden, wenn Sie auf der Suche nach einer anderen Einstellung zu Ihrem Bauch als Patient in meine Praxis kämen. Bis zum Schluß des Buches werden Sie diese neue Einstellung vermutlich schon als sehr vertraut empfinden.

Der Bauch ist keineswegs ein statisches Gebilde. Vielmehr verändert sich seine Beschaffenheit andauernd. Er spiegelt unseren emotionalen Zustand im tiefsten Innern wie auch den Grad der körperlichen Aktivität in unserem Alltag wider. Es gibt viele Wege, die Form und Beschaffenheit des Bauches zu beeinflussen. Meine Absicht ist es, Ihnen die Techniken beizubringen, die Ihrem Bauch eine für Sie angenehme Entwicklung ermöglichen.

Bei meiner therapeutischen Arbeit habe ich im Laufe der Jahre festgestellt, daß viele Patienten emotional gesunden und wachsen können, wenn sie sich auf die Beschaffenheit ihres Bauches konzentrieren und daran arbeiten, dort mehr Kraft und Anmut zu entwickeln. Umgekehrt erleben die meisten Patienten durch das Aufarbeiten von emotionalen Hemmungen eine Verbesserung ihrer Leibesform.

In unserem Programm werden wir diese beiden Möglichkeiten des Herangehens miteinander verknüpfen. Dabei untersuchen wir in regelmäßigen Abständen den Einfluß Ihrer Emotionen auf den Bauch, während wir uns auch mit Bewegung und

Ernährung befassen. Wir werden einige Rückbesinnungen in Ihre Kindheit und frühen Erwachsenenjahre vornehmen, um festzustellen, welche Einstellungen zu Ihrem Bauch Sie geprägt haben. Auch werden wir Ihre unbewußte Haltung gegenüber Ihrem Bauch und Ihr Selbst-Verständnis untersuchen. Zusätzlich betrachten wir Ihre Ernährung und wie diese im Zusammenspiel mit Ihrer emotionalen Verfassung und Ihren Bewegungsgewohnheiten die Beschaffenheit Ihres Bauches beeinflußt.

Obwohl Ernährungs- und Bewegungsfaktoren bei jedem Bauch-Fitneß-Programm eine Rolle spielen, halte ich sie für zweitrangig gegenüber der tiefergreifenden Frage, wie Sie sich selbst sehen. Wenn Sie Ihren Bauch zum Beispiel ablehnen und ihm ständig haßerfüllte Schwingungen zukommen lassen, wird diese Geisteshaltung sämtliche Ernährungs- und Fitneßbemühungen zunichte machen.

Grundsätzlich halte ich es bei jeder Therapie, so auch der, die den Bauch in Form bringen soll, für das wichtigste, uns selbst so zu akzeptieren und zu lieben, wie wir sind. Nur dann sind wir in der Lage, Entwicklungen unseres gesamten Wesens in Richtungen zu aktivieren, die wir bestimmen. Wir können einfach nicht unseren Bauch hassen und ihm gleichzeitig helfen wollen. Wir müssen eine gesunde, annehmende Beziehung zu diesem Körperbereich haben, wenn wir dort positive Veränderungen bewirken wollen.

Ich kann bei dem Thema dieses Buches nicht so

tun, als verstünde ich die Frau und ihren Bauch genauso gut, wie ich meine Geschlechtsgenossen und ihre Bäuche verstehe. Dennoch hoffe ich, daß meine Leserinnen das Buch interessant finden werden. Sie können dadurch die Männer besser verstehen lernen und Ähnlichkeiten und Unterschiede zwischen der Beziehung der Frau zu ihrem und der des Mannes zu seinem Bauch entdecken.

Der wohl bedeutendste Unterschied zwischen einem Männer- und einem Frauenbauch ist der, daß nur der eine über die Fähigkeit verfügt, ein Kind auszutragen. Frauen haben Muskelanordnungen im Bauchbereich, die den Anforderungen der Schwangerschaft entsprechen. Das Gebären eines Kindes erfordert auch bestimmte kräftige Muskeln, die Frauen haben, Männer aber nicht.

In seinem berühmten Roman *Ulysses* schuf James Joyce eine einprägsame männliche Figur namens Bloom, die einen beachtlichen Bauch vor sich hertrug. Blooms Bauch spielte eine bedeutende Rolle, und als sich die Beziehung zwischen Mann und Bauch vertiefte, erkannte Bloom irgendwann, daß sein ausgeprägter Bauch tatsächlich seinen unbewußten Wunsch zum Ausdruck brachte, ein Kind zu bekommen.

Da Bloom aber ein Mann und keine Frau war, konnte sein Schwangerschaftswunsch natürlich nie Wirklichkeit werden. Doch sein riesiger Bauch vermittelte ihm in etwa das Gefühl, schwanger zu sein, und das war besser als gar nichts.

Viele Männer tragen ihren großen Bauch tatsächlich so, als würden sie damit Potenz signalisieren. Ein ausgeprägter Bauch vermittelt oft auch wirklich den Eindruck, als ginge sein Besitzer schwanger mit irgendeinem besonderen Gefühl oder Potential. Mit einer speziellen Idee schwanger zu gehen, ist bei Männern wie bei Frauen etwas häufig Anzutreffendes.

Die meisten dicken Bäuche vermitteln ihren Trägern meiner Meinung nach ein positives Gefühl. Allein schon der körperliche Umfang kann ein Gefühl von Kraft und Wohlsein hervorrufen. Auch sind die Bäuche voll und nicht leer. Aus Gründen, mit denen wir uns später noch befassen, ist es dieses Gefülltsein, das die Neigung zum dicken Bauch ausmacht.

Viele Männer mit einer wuchtigen Leibesmitte behaupten felsenfest, sich mit ihrem Bauch zu identifizieren. Sie können sich ihr Leben nicht ohne ihn vorstellen. Das ist einer der Hauptgründe, warum es manchem Mann schwerfällt, seinen Bauch loszuwerden — im tiefsten Innern stößt bereits die Vorstellung auf Widerstand.

Legen Sie nun das Buch beiseite und konzentrieren Sie sich auf Ihren Bauch, ungeachtet seiner derzeitigen Größe. Wären Sie der gleiche Mann ohne Ihren Bauch? Sind Sie für die Umwandlung bereit, falls Sie durch das Verschwinden Ihres Bauches zu einem neuen Menschen würden, was Sie und Ihre

Mitmenschen einigermaßen überraschen würde? Legen Sie einige Atemzüge lang die Hände auf Ihren Bauch und betrachten Sie die Gefühle und Erkenntnisse, die in Ihnen aufsteigen.

# 1

# Muskeln

Wenn Sie an einem Sommertag am Strand die nackten Bäuche der Menschen betrachten, werden Sie feststellen, daß es so viele Bauchtypen gibt wie Menschen. Jeder einzelne hat seine eigene Haltung, seine eigene Art, den Bauch einzuziehen oder ihn sich hervorwölben zu lassen.

Wenn wir von dem Zustand Ihres Bauches sprechen, meinen wir damit einige Faktoren, die eng miteinander verzahnt sind und für den Eindruck sorgen, den Sie und Ihr Bauch auf andere Menschen machen.

Vorrangig hängt das Aussehen Ihres Bauches davon ab, wieviel Fett sich dort ansammeln durfte. Während Frauen Fett oft im Bereich der Oberschenkel und Hüften ansetzen, neigen Männer dazu, die überschüssigen Kalorien an der Gürtellinie anzusiedeln.

Doch neben dem Faktor des Fetts ist der Bauchumfang auch eine Frage der Größe von Magen und Verdauungstrakt. Ständiges übermäßiges Essen und Trinken läßt den Darm ausleiern und schlaff werden, so daß er in der Bauchhöhle nicht mehr genügend Platz hat und nach vorn hervortritt. Dieser

Zustand wirkt sich am ehesten auf die Gesundheit aus, denn ein verstopfter, träger Verdauungstrakt kann eine Anzahl ernsthafter, langfristiger Gesundheitsprobleme auslösen.
Aber noch ein dritter Faktor bestimmt die Größe eines Männerbauches, und zwar die Kraft und der Tonus der diversen Muskelschichten, die den Darm stützen. In diesem Kapitel werden Sie Gelegenheit finden, Ihre Beziehung zu diesen wichtigen Muskeln zu untersuchen. So können Sie ihre heutige Beschaffenheit einschätzen und über vergangene Erfahrungen reflektieren, die ihre Kraft oder Schwäche bewirken. Auch können Sie darüber nachdenken, ob Sie diese Muskeln nicht wieder besser in Form bringen wollen.
Doch kehren wir zurück zu dem Strandspaziergang, den Sie gerade in Badekleidung machen. Sehen Sie sich um, bis Sie einige Kleinkinder beim Spielen im Sand entdecken. Wenn Sie einen Augenblick innehalten, werden Sie feststellen, je jünger das Kind, desto größer sein Bauch. Säuglinge haben große Bäuche, wenn man sie aufrecht hält, weil ihre Bauchmuskeln noch nicht ausreichend entwickelt sind. Bis sie laufen lernen, benutzen sie diese Muskeln tatsächlich nur beim Atmen und wenn sie lachen oder weinen.
Es ist wichtig, darüber nachzudenken, daß Sie einmal genauso wie diese Kinder waren. Auch bei Ihnen wölbte sich ein runder Bauch hervor, als Sie anfingen, stehen und laufen zu lernen. Säuglinge ha-

ben oftmals auch eine besondere Fettschicht am Bauch, die der ähnelt, die Männer beim Älterwerden wieder ansetzen.
Doch die meisten Kinder verlieren ihren Babyspeck und entwickeln stärkere Bauchmuskeln, wenn sie herumlaufen und aktiver werden. Wenn sie drei oder vier sind, haben die meisten Kinder stramme Bauchmuskeln und nichts mehr von den anfänglichen Fettschichten. Bei der Umwandlung von kleinen Engeln zu kleinen Monstern haben die Zwei- bis Dreijährigen zudem ihr Dasein in völliger Abhängigkeit hinter sich gelassen und gehen in das erste Stadium starker, selbständiger Individualität über.
Viele Menschen behalten jedoch die Neigung bei, in den Zustand der frühen Kindertage zurückzukehren. Sie ist besonders ausgeprägt, wenn unsere Mütter uns als Kleinkinder zu ausgiebig fütterten. Wenn wir uns dann als Erwachsene in eine Frau verlieben, die uns gern wie ein Baby umsorgt, bleibt es nicht aus, daß wir wieder in einige der Gewohnheiten unserer frühen Kindheit verfallen.
Sie können sich gut vorstellen, wie behutsam ich mit manchen dickbäuchigen Patienten vorgehen mußte, um ihnen die Verbindung zwischen ihrem Bauchumfang und ihrer Kindheit zu verdeutlichen. Die meisten Männer nehmen es einem wirklich übel, wenn man ihnen andeutet, daß sie auf manchen Ebenen große Babys geblieben sind. Für

ein von Selbstzweifeln geplagtes männliches Ego ist das eine unerhörte Beleidigung.

Wie stark ist Ihre Bauchmuskulatur, und wie erfolgreich erfüllt sie ihre Aufgabe, Ihren Bauch zusammenzuhalten? Anders gefragt, bis zu welchem Grad haben Sie sich in den babyhaften Zustand der schwachen Bauchmuskulatur zurückfallen lassen, der Ihre Neigung kennzeichnet, in Säuglingsgefühlen zu schwelgen? Nehmen Sie sich jetzt einige Augenblicke Zeit, um über diese Fragen zu reflektieren.

Es gibt ein besonders wohliges Gefühl der Schwäche in der Bauchmuskulatur, das mit Säuglingsgefühlen in Verbindung gebracht wird. Ich vermute, daß jeder Mann dieses Gefühl ab und zu erfährt. Und es ist in der Tat natürlich und wünschenswert, sich gelegentlich das entspannende Gefühl des Loslassens von der Eigenverantwortung zu gönnen, das man als Säugling kannte. Viele Männer haben genau deshalb in ihren Beziehungen ernsthafte Schwierigkeiten, weil sie sich nicht ab und zu einer säuglingshaften Seligkeit überlassen können.
Sie sollten daher nicht glauben, daß ich die entspannten Muskelzustände negativ beurteile, die Sie als Baby kannten und sich zeitweise auch als Erwachsener erlauben. Mir macht nur Sorge, wenn dieser Muskelzustand chronisch geworden ist, und

die Bauchmuskulatur einfach nicht mehr die Kraft hat, Ihre Bauchform fest zu bestimmen.
Im Optimalfall gibt es täglich Zeiten der Anspannung und der Entspannung für die Bauchmuskulatur. Sie werden zum Beispiel einfach nicht einschlafen können, wenn Ihre Bauchmuskeln verhärtet sind. Viele Männer sind dermaßen angespannt, daß ihre Bauchmuskeln gewohnheitsgemäß angespannt sind und ihnen die Fähigkeit zu entspannen dementsprechend fehlt. Wie ein Baby schlafen zu können ist im Erwachsenenleben eine der höchsten Errungenschaften.
Dennoch ist es aber ebenso wichtig, im Magen-Bauch-Bereich eine feste Haltung annehmen zu können, wenn Sie sich den Gefahren und Herausforderungen der Welt stellen müssen. Bei vielen Männern ist ein hervortretender Bauch mit schwacher Muskulatur das äußere Anzeichen innerer Schwäche, die unmittelbar auf Schwierigkeiten während der ersten Lebensjahre zurückzuführen ist. Ich werde die Erörterung darüber nicht mit den diesbezüglichen psychologischen Theorien belasten. Doch möchte ich durchaus Reflexionen über Ihre frühere Kraftentwicklung im Bauchbereich anregen. Wir werden uns später die Zeit nehmen, um Sie in einige Erinnerungen an damals zurückzuführen.
Jetzt möchte ich jedoch, daß Sie Ihre Aufmerksamkeit dem gegenwärtigen Augenblick widmen, dem Zusammenspiel zwischen Ihrem Bewußtsein und

jenen Bauchmuskeln, von denen wir gerade sprachen. Diese Beziehung ist ein kritischer Faktor bei jeder Veränderung der Beschaffenheit Ihres Bauches. Nur mit einer neuen geistigen Einstellung gegenüber dem Zustand Ihrer Bauchmuskeln werden sich echte langfristige Veränderungen bewirken lassen.

Sie können es vorübergehend schaffen, Ihren Bauch flacher zu bekommen und abzunehmen, indem Sie sich zu Körpertraining und Diät zwingen. Viele Männer werden von ihren Frauen, Vorgesetzten und dem eigenen Unbehagen zu Programmen gezwungen, mit denen die äußeren Anzeichen ihrer Bauchprobleme beseitigt werden sollen. Doch langfristig schaffen es derartige selbstmarternde Fitneßprogramme und Hungerdiäten oftmals nicht, eine innere Umwandlung herbeizuführen.

Fehlschläge kommen hier meistens zustande, wenn ein Mann versucht, sein Äußeres zu verändern, ohne an den geistigen und emotionalen Gewohnheiten zu arbeiten, die zu dem körperlichen Mißstand geführt haben. Der erfolgversprechende Weg zu einem strammen, kräftigen Bauch ist der, den wir gerade näher betrachten wollen — die Kombination von bewußter innerer Entwicklung und Ernährungs- und Bewegungsgewohnheiten, die auch Freude bereiten.

Betrachten wir Ihre derzeitige Beziehung zu Ihrer Bauchmuskulatur. Achten Sie beim Lesen dieser Worte darauf, ob Sie sich der Bauchmuskeln bewußt werden können. Bemühen Sie sich nicht, die Muskulatur künstlich anzuspannen, wenn Sie sie schwach finden. Stellen Sie lediglich mit jedem Atemzug fest, was für Gefühle Sie über das Befinden Ihres Bauches und seine Bewegungen beim Atmen erfahren.

Als erstes werden Sie merken, daß es einen direkten Bezug zwischen Ihrer Atmung und Ihrer Bauchmuskulatur gibt. Wenn die Luft beim Einatmen in die Lungen strömt und sich das Zwerchfell senkt, bewegt sich Ihr Bauch leicht nach außen. Wenn Sie dann ausatmen, hat Ihr Bauch mehr Platz und tritt wieder ein wenig zurück. Wenn Sie die Bauchmuskulatur vollkommen entspannen, atmen Sie nur durch die Anspannung des Zwerchfells ein, und atmen aus, wenn sich das Zwerchfell wieder hochwölbt. So atmen Sie zum Beispiel bei völlig entspannter Bauchmuskulatur im Tiefschlaf, und diese Art zu atmen sollten Sie auch praktizieren, wenn Sie in Streßsituationen Entspannung und Erholung brauchen.

Wenn Sie auf den Beinen und in Bewegung sind, schalten Sie jedoch auf eine Atmung um, bei der Ihre Bauchmuskeln auch mitwirken. Sie atmen auf gleiche Weise ein, doch beim Ausatmen ziehen Sie die Bauchmuskeln zusammen, so daß diese helfen, die Luft rasch und vollständig aus Ihren Lungen zu drücken.

Viele Menschen mit schwachem Bauchgewebe haben es sich angewöhnt, die Bauchmuskeln ständig entspannt zu halten, statt sie anzuspannen, wenn sie ausatmen. Wenn Sie das auch tun, möchten Sie es vielleicht gern Schritt für Schritt umkehren. Mit der folgenden grundlegenden Bauchmeditation wollen wir Ihre eigenen Gewohnheiten untersuchen.

### *Ausatmungsmeditation für die Bauchmuskulatur*

Ziehen Sie Ihre Bauchmuskeln bei jedem Ausatmen bewußt zusammen, um somit zusätzlich die Luft aus den Lungen zu drücken. Nachdem Sie ganz ausgeatmet haben, halten Sie die Anspannung noch einige Augenblicke und lassen die Muskeln dann entspannen, um erneut einzuatmen. Legen Sie das Buch beiseite, und führen Sie diese Atemmeditation fünf- bis sechsmal durch. Beginnen Sie dabei, Ihre Bauchmuskulatur immer bewußter wahrzunehmen. (Beim Gehen verstärkt sich die Wahrnehmung noch.)

ausatmen ... Bauchmuskeln anspannen
einatmen ... Bauchmuskeln entspannen
ausatmen ... anspannen
einatmen ... entspannen

Machen Sie anschließend noch einige Atemzüge weiter.
Atmen Sie nach Beendigung dieser Übung normal

weiter, und achten Sie auf das Gefühl in Ihren Bauchmuskeln. Öffnen Sie sich dieser neuen Beziehung zwischen sich und Ihrem Bauch, und achten Sie darauf, was alles in Ihnen auftaucht.

Obwohl diese einfache Übung am Anfang unwichtig erscheinen mag, haben Sie soeben eine der wichtigsten Übungen für den Bauch kennengelernt. Allzuoft meinen Leute, daß nur anstrengende Übungen helfen können, den Bauch straff werden zu lassen. Doch tatsächlich ist es für eine echte Umwandlung des Bauches am wichtigsten, sich anzugewöhnen, einfache Übungen mehrmals am Tage zu machen.
Diese Übung ist besonders wertvoll, weil Sie sie überall, jederzeit und in jeder geistigen Verfassung machen können. Im Verlauf einer Geschäftskonferenz durchgeführt, läßt sie Ihren Geist ruhiger und dadurch konzentrierter werden. Sie können sie bei Tisch durchführen, während Sie auf das Essen warten, oder beim Autofahren, beim Zeitunglesen oder während Sie Ihren Liebling im Arm haben. Sie atmen ständig, und bei jedem Ausatmen können Sie bewußt Kontakt mit Ihren Bauchmuskeln aufnehmen und sie anspannen, bis Sie wieder einatmen wollen. Dann geben Sie ihnen den schönen Befehl zu entspannen, damit sich Ihre Lungen wieder mit Luft füllen.
Den meisten meiner Patienten bringe ich diese grundlegende Atemmeditation während der ersten Sitzung bei, damit sie eine kraftvolle Übung zur

Hand haben, die leicht erlernbar und überall im Alltag anzuwenden ist. Es bringt meistens wenig, die Umwandlung der Bauchbeschaffenheit mit komplizierten Übungen und Meditationen beginnen zu wollen. Wie bei jedem echten Fortschritt verlangt die Arbeit an Ihrem Körpergewicht und Ihrer Haltung, Ihrem Gefühl von Kraft und Selbstvertrauen, einen überschaubaren Ausgangspunkt. Jetzt haben Sie ihn.
Mein Vorschlag ist, diese Atemmeditation jeweils sechs Atemzüge lang über die nächsten zehn Tage stündlich zu machen. Wenn sie zur Gewohnheit werden sollte, haben Sie somit die Umwandlung Ihres Bauches vollbracht. Ich beglückwünsche Sie. Aber Sie merken, daß alles von Ihnen und Ihrer Fähigkeit abhängt, die Meditation der sechs Atemzüge regelmäßig zu machen.

Probieren Sie es jetzt noch einmal sechs Atemzüge lang und achten Sie darauf, welche neuen Erfahrungen sich für Sie und Ihren Bauch dabei einstellen.

# 2

# Ein Gespräch mit Ihrem Bauch

Ihr gutmütiger Bauch arbeitet hart für Sie seit Ihrer Ankunft auf dieser Welt. Er verdaut alles, was Sie ihm zukommen lassen, und kümmert sich in angemessener Weise um das verwertbare Material und um den Rest. Der Verdauungstrakt ist ein bemerkenswertes System, das die Lebewesen dieses Planeten seit ihrer Entstehung begleitet.

Doch Ihr Bauch ist mehr als eine nahrungsmittelverarbeitende Anlage. Er ist auch ein Körperbereich, bei dem Emotionen ankommen, und der registriert, wo die Stärken und Schwächen Ihrer Persönlichkeit verwurzelt sind. Diese Kombination von Emotionswahrnehmung und physiologischen Funktionen läßt Ihren Bauch zu einer solchen dynamischen Einheit werden.

Der Psychotherapeut Fritz S. Perls, Urheber der Gestalttherapie, entwickelte einen wirksamen Weg, um Menschen zu helfen, Kontakt zu ihrem Bauch aufzunehmen. Ich möchte Ihnen die Methode vorstellen, damit Sie mit diesem Körperbereich eine völlig neue Beziehung eingehen können.

Ich schlage Ihnen also vor, sich in Ihrer Phantasie

in Gespräche mit Ihrem Bauch zu vertiefen. Dabei kommen Bereiche Ihres Körpers zu Wort, die normalerweise keine Stimme haben. Sie mögen anfangs ein derartiges Gespräch albern finden oder gar für unmöglich halten, aber ich meine, Sie werden bald den Zauber dieses Vorgangs spüren und ihn genießen.

Beginnen Sie doch zu Beispiel mit einem Gespräch über Ihre Eßgewohnheiten. Erzählen Sie Ihrem Magen und Darm, warum Sie Ihre heutigen Mahlzeiten zu sich genommen haben. Erklären Sie die Nährwerte der diversen Nahrungsmittel, die Freude, die es Ihnen machte, sie zu essen und ähnliches, bis Sie Ihrem Bauch die Gründe für das Essen völlig dargelegt haben. (Es funktioniert meistens am besten, wenn Sie bei diesen stillen Erklärungen die Augen schließen. Stellen Sie sich vor, Ihr Bauch wäre ein Mensch, mit dem Sie sich unterhalten.) Probieren Sie es jetzt einmal.

Nun ist Ihr Bauch an der Reihe, Ihnen seine Reaktionen und Einstellungen zu Ihren Eßgewohnheiten mitzuteilen. Vielleicht liebt Ihr Magen das Essen, das Sie ihm zukommen lassen. Doch vielleicht hat er angesichts der Mengen und der Qualität dessen, was Sie zu sich nehmen, gelegentlich auch allen Grund zur Klage über Sie. Lassen Sie den Bauch seine Emotionen sowie seine Meinung über Ihre Behandlung ausdrücken.

Jetzt können Sie Ihrem Bauch erklären, warum Sie ihn so behandeln, wie Sie es tun. Sie können auch bereits auf Dinge reagieren, die Sie von ihm gehört haben.

Lassen Sie Ihren Bauch abschließend erzählen, was für eine Behandlung er wirklich optimal fände. Mit welchen Speisen kann er zum Beispiel am besten umgehen, und in welchen Mengen?

Wenden Sie sich nun von Ihrem Bauch ab und sprechen Sie mit dem Fett, das sich vielleicht um Ihre Körpermitte angesammelt hat. Bringen Sie Ihre Gefühle von Liebe, Zorn oder sogar Haß Ihrem Fett gegenüber zum Ausdruck. Schließen Sie die Augen, sprechen Sie innerlich oder laut vor sich hin, und sagen Sie Ihrem Fett mal richtig Ihre Meinung.

Nun soll das Fett aber auch zu Wort kommen und auf das, was Sie gesagt haben, reagieren können. Hören Sie sich an, was es dazu meint, daß Sie es verschwinden lassen wollen und ihm sein Existenzrecht absprechen.

Ich empfehle Ihnen, diese Gespräche mit Ihrem Magen, Darm und Fett mehrmals vorzunehmen und dazwischen jeweils einige Tage vergehen zu lassen. Sie werden feststellen, daß sich jedesmal neue Gefühle und Einstellungen entwickelt haben. Tatsächlich werden Sie den Rest Ihres Lebens mit Ihrem Bauch und Fett reden müssen, wenn Sie in gesunder Beziehung zu ihnen bleiben wollen.

Ich möchte hier ein von mir aufgezeichnetes Mustergespräch zwischen einem Patienten und seinem Bauch und Fett wiedergeben, damit Sie ein besseres Gefühl für das bekommen, was Sie selbst vornehmen sollen.

Tom: *Ich mag dich nicht, Bauch. Du stehst da hervor und bist mir ständig peinlich. Frauen sehen mich an und verziehen die Gesichter, als wäre ich rundum häßlich. Und das nur, weil es dich da unten gibt und du mit deiner Masse alles ruinierst. Ich hasse auch, wie schwach du bist. Warum bringst du dich nicht in Form und hörst auf, mir das Leben zu vermiesen?*
Toms Bauch: *Ausgerechnet du mußt dich beschweren! Du mit deinem Riesenmaul, das alles auffrißt, was es nur kriegen kann, und mit deinem schwachen Hirn, das mich auch schwach macht. Ich bin nicht schuld, daß du mich dermaßen mit Fleisch, Käse, Süßigkeiten, Alkohol und all dem anderen vollgestopft hast. Die Mengen kann ich gar nicht verbrennen. Es ist alles deine Schuld!*
Tom: *Trotzdem brauchst du nicht so zu schreien. Du ärgerst mich schon wieder. Was ist, wenn Leute hören, was du sagst? Dann haben sie eine noch niedrigere Meinung von mir.*

Toms Bauch: *Ich glaube eher, die schlechteste Meinung von dir hast du selbst.*
Tom: *Das stimmt nicht. Jedenfalls glaube ich das nicht.*
Toms Bauch: *Warum streiten wir denn die ganze Zeit? Von dir bekomme ich auch nicht die geringste Hilfe, um mich mal in bessere Form zu bringen. Du schiebst mir nur die Schuld an allem zu und erwartest, daß ich mein Aussehen irgendwie verändere. Das müßten wir beide aber gemeinsam vornehmen. Du mußt mir zumindest so viel Aufmerksamkeit schenken, daß du es merkst, wenn ich dir etwas mitteilen will.*
Tom: *Ich höre dir zu. Pausenlos sagst du mir, du hast Hunger und noch mehr Hunger. Also füttere ich dich, und was tust du mir an? Du wirst riesig, du setzt das ganze Fett an, und schließlich kann mich keiner mehr leiden.*
Toms Bauch: *Ach, du Ärmster! Und was ist mit mir? Ich bin drauf und dran, ernsthaft krank zu werden, weißt du das? Meine Wände sind so zugestopft mit dem ganzen Schrott, den du ißt, daß ich fast gar nichts mehr transportieren kann. Und bei den Mengen von Bier, die du trinkst, geht es mir hier unten praktisch immer dreckig. Wie wär's, wenn du dich mal ein bißchen zurückhalten würdest?*
Tom: *Vielleicht habe ich nicht die Disziplin zur Zurückhaltung, wie du sie verlangst. Es ist gar nicht so leicht, mit der Welt da draußen klarzukommen. Alles, was du da unten tun mußt, ist verdauen. Du mußt dich nicht mit dem ganzen Streß herumschlagen.*

Toms Bauch: *Das war wohl ein schlechter Witz! Jedesmal, wenn du dich aufregst, ruinierst du meine gesamte Verdauungsarbeit hier unten. Das wollte ich dir schon lange mal sagen. Du mußt deine Stimmungen irgendwie in den Griff bekommen und dich nicht so häufig aufregen. Das ist einer der Hauptgründe, warum ich nicht vernünftig verdauen kann.*
Tom: *Wenn du schon soviel guten Rat auf Lager hast, sagst du mir vielleicht auch, wie ich mein Leben verändern soll?*
Toms Bauch: *Es wäre wohl schon hilfreich, wenn wir besser miteinander auskämen. Du bringst uns doch beide nicht weiter, indem du mir dauernd die Schuld für alles zuschiebst. Wir könnten zusammenarbeiten und uns gegenseitig helfen, Freunde zu werden. Wir müssen gemeinsam voran, ob es uns gefällt oder nicht.*
Tom (nach einer Pause): *Ich denke, das stimmt. Aber du weißt, daß ich versucht habe, es für uns besser werden zu lassen. Im vergangenen Monat habe ich zwei Tage lang gefastet und ...*
Toms Bauch: *... und hast dann am Nachmittag des dritten Tages zwei Kartons Speiseeis vertilgt und uns beide damit fast umgebracht. Weißt du noch?*
Tom: *Gut, ich bin nicht vollkommen. Aber was kann ich unternehmen, das helfen würde?*
Toms Bauch: *Ich weiß, daß es keinen Sinn hat, dir vorzuschlagen, dreimal pro Woche Fitneßtraining zu machen und deine Ernährung radikal umzustellen, auch wenn das die beiden Dinge sind, die ich empfeh-*

*len würde. Aber du könntest zumindest einen kleinen Schritt machen und dich daran halten. Das wäre eine Wende in die richtige Richtung.*

Tom: *Gut, ich tue mein Bestes. Doch wo soll ich anfangen?*

Toms Bauch: *Fang' doch mit der Ausatmungsmeditation für den Bauch an, die du gerade gelernt hast. Erinnerst du dich daran?*

Tom: *In etwa.*

Toms Bauch: *Mir fiel auf, daß du dabei nicht aufgestanden und herumgegangen bist.*

Tom: *Im Buch heißt es, ich muß das nicht, wenn ich nicht will.*

Toms Bauch: *Da sind wir schon bei der Schwierigkeit. Du willst dich einfach nicht anstrengen, um uns zu helfen.*

Tom: *Nun, niemand ist vollkommen.*

Toms Bauch: *Du fällst mir mit dieser Ausrede allmählich auf den Wecker.*

Tom: *Ich komme mir albern vor, wenn ich herumgehen und dabei meine Bauchmuskeln einziehen soll.*

Toms Bauch: *Vielleicht würde dich endlich mal jemand mit einem eingezogenen Bauch sehen und einen guten Eindruck von dir bekommen.*

Tom: *Daran hatte ich nicht gedacht. Und überhaupt, auch wenn ich meine Bauchmuskeln anspanne, gibt es da noch das ganze Fett.*

Toms Bauch: *Du mußt den ersten Schritt machen. Wunder brauchst du nicht zu erwarten.*

Tom: *Aber es wird wohl ein Wunder brauchen, um*

*dich und das ganze Fett loszuwerden. Ich hasse das Fett!*
Toms Bauch: *Ist dir je eingefallen, daß dein Fett auch nicht gerade verrückt nach dir ist?*
Tom: *Warum sollte mein Fett mich nicht mögen?*
Toms Bauch: *Du kannst ja mal mit deinem Fett reden und das selbst herausfinden.*
Tom: *Eigentlich keine schlechte Idee. He, Fett, kannst du mich hören, du häßlicher Haufen Walspeck?*
Toms Fett: *Hüte mal deine Zunge ein bißchen, sonst setze ich sofort noch ein Kilo an.*
Tom: *Oh, entschuldige. Ich wollte nur ins Gespräch mit dir kommen, weil ich will, daß du verschwindest.*
Toms Fett: *Das ist aber keine sehr freundliche Einstellung gegenüber deinem eigenen Fett.*
Tom: *Nun, dann laß mich mal meine Gefühle etwas anders ausdrücken...*

# 3

## Erinnerungen an schlankere Zeiten

Die Geschichte von Ihnen und Ihrem Bauch hat natürlich drei Dimensionen. Erstens den gegenwärtigen Augenblick, den Sie gerade erleben, während Sie dieses Buch lesen. Zweitens gibt es Ihre ungeschriebene Zukunft, in der Ihr Bauch noch größer und unförmiger wird, ungefähr so bleibt, wie er ist, oder schlanker und straffer sein wird.

Drittens gibt es Ihre Vergangenheit, in der Ihr Bauch alle Stadien vom Säugling über das Kind zum Heranwachsenden bis dorthin durchgemacht hat, wo Sie sich jetzt befinden. In der Therapie, wie auch in diesem Buch, ist es eines meiner Ziele, Menschen zu helfen, sich in der Gegenwart besser zurechtzufinden. Reflexionen über die eigene Vergangenheit sind für das Verständnis des gegenwärtigen Moments äußerst wichtig.

Obwohl der Bauch Ihr Leben lang ein Teil von Ihnen war, wird es Ihnen nicht leichtfallen, in bauchbezogene Erinnerungen einzutauchen. Menschen mit Bäuchen, mit denen sie nicht glücklich sind, neigen dazu, Erinnerungen abzublocken, die mit ihrer Körperentwicklung zu tun haben. Daher kann es eine Weile dauern, bevor Sie an die Erinnerungen herankommen, auf die ich Sie hinsteuern werde.

Zu dem Begriff Zeit möchte ich noch etwas anmerken. Irgendwie fühlen sich die Menschen heutzutage dauernd unter Druck, als hätten sie nicht genügend Zeit, alles zu erledigen, was sie vorhaben. Deshalb weiß ich, daß die meisten Leser rasch an alle Informationen in diesem Buch gelangen möchten und es möglichst bald gelesen haben wollen. Für Sie und Ihren Bauch gibt es natürlich keinen wirklichen Zeitdruck (es sei denn, Ihre Freundin oder Ihr Chef hätten Ihnen bis Freitag Zeit eingeräumt, ihn loszuwerden). Aber wir sind bereits von der Wiege an programmiert, uns diesen Zeitdruck selbst aufzuerlegen, so daß unsere Lesegewohnheiten in dieses dauernde Drängen mit eingeschlossen sind.

Ich finde es in Ordnung, wenn Sie das Buch schnell lesen und die Meditationen und Übungen überspringen. Ich habe den Text absichtlich knapp gehalten, damit Sie das Buch an einem Abend durchhaben können, wenn Sie möchten.

Doch irgendwann werden Sie es wahrscheinlich wieder zur Hand nehmen wollen und sich pro Abend ein Kapitel vornehmen, um festzustellen, wie tief Sie in die beschriebenen Erfahrungen eindringen können. Ich hoffe, daß Ihnen meine Ideen und Erkenntnisse an sich bereits ein wenig helfen. Aber echtes Wachstum kann nur stattfinden, wenn Sie sich die Zeit nehmen, Ihre eigene Beziehung zu Ihrem Bauch zu erforschen. Bei den Bewegungsübungen, die ich Ihnen vorschlage, müssen Sie einfach die Vorstellung verwerfen, daß etwas von selbst über Nacht geschieht, wenn Sie wirkliche Fortschritte machen wollen.

Das Schöne an persönlichem Wachstum ist, daß wir den Rest unseres Lebens haben, um es zu verwirklichen. Niemand steht da und stoppt unsere Entwicklungszeiten. Sobald Ihnen das klar ist, können Sie tief durchatmen und mit Freude beim körperlich gesunden Fortschritt entspannen.

Wenn es eine Weile dauert, Ihre Beziehung zu Ihrem Bauch umzuwandeln, sollten Sie sicherstellen, daß Sie jeden Augenblick des Prozesses genießen. Da Sie nicht genau wissen können, wohin Sie letztendlich steuern, ist es am sinnvollsten, so vorzugehen, daß Ihnen jeder einzelne Schritt des Weges Spaß macht.

Richten wir die Aufmerksamkeit auf Ihre Vergangenheit. Denken Sie an all die vielen Augenblicke, die vergangen sind, seit Sie auf die Welt kamen. Wie viele dieser Augenblicke haben Sie entspannt und voller Freude genossen? Legen Sie für einige Atemzüge eine Pause ein, wenn Sie möchten und die Zeit dazu haben. Schieben Sie das Buch beiseite und schließen Sie die Augen, wenn Sie wollen. Achten Sie darauf, wie viele Erinnerungen an entspannte Situationen Ihnen einfallen, als sich Ihr Bauch gut anfühlte und Sie in Harmonie mit Ihrem Umfeld waren.

Das war eine ziemlich umfangreiche Erinnerungsanregung. Sie sollten Ihren Geist für den freien Fluß der Eindrücke aus der Vergangenheit öffnen. Mit den folgenden Anregungen können Sie sich noch konzentrierter Ihrer Vergangenheit zuwenden.

Erinnern Sie sich an die Form und das Gefühl Ihres Bauchbereiches in dem Jahr, als Ihre Schulbildung endete. Wenn Sie möchten, schließen Sie die Augen, atmen Sie entspannt und lassen Sie die Erinnerungen von selbst hochkommen.

War Ihr Bauch in Ihrer Teenager-Zeit stark oder eher schwach?

Mochten Sie das Gefühl in Ihrem Bauch in dieser Lebensphase? Erkunden Sie die vorherrschenden Emotionen von damals.

Wie bereits erwähnt, gibt es zu jedem Zeitpunkt Ihres Lebens eine enge Beziehung zwischen der Beschaffenheit Ihres Bauches und Ihrem emotionalen Zustand. Die Rückschau in die diversen Phasen Ihres Lebens und die gleichzeitige Erinnerung an Ihre Gefühle und Ihren Bauch ist eine gute Gelegenheit, Erkenntnisse über die gegenwärtige Situation Ihres Bauches zu gewinnen.

Versuchen Sie sich an die Jahre nach der Schule zu erinnern, als Sie in die Welt hinausgingen. Welche

Gefühle waren da in Ihrem Bauchbereich, und wie änderte sich sein Aussehen?

Nun schlage ich vor, daß Sie sich an Ihre Kindheit erinnern und daran, was für einen Bauch Ihr Vater hatte, als Sie klein waren. War Ihr Vater körperlich gut in Form, oder hatte er einen eher schwachen Bauch? Schließen Sie die Augen und achten Sie auf die Erinnerungen an den Bauch Ihres Vaters.

Schauen Sie nun, ob Sie sich erinnern können, wie die Einstellung Ihrer Mutter gegenüber dem Bauch Ihres Vaters war und zu Männerbäuchen im allgemeinen. War ein großer Bauch für sie ein Anzeichen von Schwäche oder von positiven Eigenschaften? Öffnen Sie sich einfach gegenüber allen Erinnerungen an Ihre Mutter, und achten Sie darauf, ob sie Ihnen Neues zur Frage des Bauches bringen.

Ich möchte Ihnen eine letzte Erinnerungsanregung geben, die Sie in beliebige Richtungen führen kann. Ich lasse Ihnen genügend Zeit, um das Buch beiseite zu legen, die Augen zu schließen, wenn Sie wollen, und in Ihrer Vergangenheit nach allen Erfahrungen zu suchen, bei denen Sie sich der Gefühle in Ihrem Bauchbereich bewußt waren. Ich bin sicher, Sie haben Millionen solcher Erinnerungen. Ich empfehle Ihnen, diese fundamentale Erinnerungsmeditation über geraume Zeit mehrmals am Tage vorzunehmen, um Ihre Erinnerungen vollständig zu erforschen. Der Vorgang, auf vergessene Erinnerungen an Ihren Bauchbereich zu stoßen, sollte Ihnen Freude auf die Überraschungen machen. Erinnern Sie sich an die schönen, positiven Gefühle von Kraft und seliger Entspannung im Bauch, wie auch an Zeiten der Schwäche und Angst dort.

Nun ist es am besten, diese Erinnerungsreise abzurunden, indem Sie voll und ganz in den gegenwärtigen Augenblick zurückkommen und feststellen, wie sich Ihr Bauchbereich momentan anfühlt. Sind die Bauchmuskeln angespannt oder entspannt? Empfinden Sie irgendwelche Emotionen im Bauch? Schließen Sie die Augen für einige Momente und spüren Sie dem nach.

Achten Sie in den kommenden Tagen und Wochen darauf, daß Sie gelegentlich Pausen einlegen, um diese Erinnerungsreise selbst vorzunehmen. Jetzt, wo Sie angefangen haben, sich den Reflexionen über Ihren Bauch zu öffnen, wird es dauernd neue Erinnerungen geben, die an die Oberfläche kommen wollen. Es wird sehr unterhaltend und aufschlußreich sein, sich an all die Bäuche zu erinnern, die Sie kennengelernt haben, und sich Ihrer eigenen Baucherfahrungen bewußt zu werden.

# 4

## Ein verändertes Selbstbild

Zwei Typen von Männern haben es sehr schwer, ihre Auffassung vom Bauch umzuwandeln. Zur ersten Kategorie gehören Männer, die nicht zugeben wollen, daß sie einen dicken Bauch haben. Sie phantasieren ihren Bauch einfach weg und sehen sich weiterhin mit einer schlanken, strammen Körpermitte. Dieses Selbstbild ist meistens ein Relikt aus früheren Zeiten, als sie tatsächlich in guter Form waren. Solange sie die Realität nicht wahrhaben wollen, gibt es kaum Hoffnung auf Veränderungen in der Bauchgegend.

Der zweite Typ von Mann, dem es äußerst schwerfällt, Aussehen und Beschaffenheit seines Bauches zu verbessern, hat meistens Angst vor einer Veränderung seines Selbstverständnisses. Jede mögliche Änderung ruft bei ihm eine Identitätskrise hervor. An dem Bauch wird sich auch bei äußerlichen Maßnahmen dauerhaft nichts ändern, solange keine Veränderung des Selbstbildes zugelassen wird.

Die meisten Männer mit ausgeprägten Bäuchen haben etwas von beiden Typen an sich. Die Menschen neigen einfach dazu, an einem Selbstbild festzuhalten, das schmeichelhafter ist als der gegenwärtig herrschende Zustand. Zudem schätzen wir unser etabliertes Selbstbild mehr als die Unsicherheit, die unsere Entwicklung zu einem neuen Wesen mit sich bringen würde. Es ist daher wichtig, daß wir unseren Widerstand gegen Veränderungen untersuchen. Nur so können wir erkennen, wo wir uns selbst zurückhalten und wie wir uns befreien können, um Fortschritte zu machen.

Vorweg möchte ich Ihnen einige Vorschläge machen, die Ihnen helfen werden, Ihr Selbstbild klar zu erkennen. Achten Sie darauf, was geschieht, wenn Sie nach dem Lesen dieses Absatzes das Buch beiseite legen, die Augen schließen und sich vorstellen, Sie stünden etwa fünf Meter von sich selbst entfernt. Schauen Sie, ob Sie Ihren Körper deutlich wahrnehmen können, und sehen Sie, was für ein Bild Sie von Ihrem Bauch haben.

Sie haben wahrscheinlich festgestellt, daß Sie nicht nur ein Bild von sich selbst vor Augen haben. Die meisten Männer sehen sich zuerst in ausgezeichneter Kondition, ein ideales Selbstbild. Dann tauchen auf einmal die schlimmsten Vorstellungen darüber auf, wie andere Menschen sie sehen könnten — mit einem großen, wabbeligen Bauch, der einfach widerlich wirkt. Dann visualisieren sie eine Anzahl rascher Variationen von beidem, bis sie ein ziemlich realistisches Bild von sich selbst sehen. Trifft es das ungefähr, was Sie gerade erlebt haben?

Es kann für Sie nützlich sein, sich das gleiche jetzt noch einmal vorzustellen, um auf einer etwas tieferliegenden Ebene zu erkennen, wie Ihr Bewußtsein mit Ihrem Erscheinungsbild umgeht. Lassen Sie sich Zeit, damit Ihr Geist den Vorgang auch genießen kann.

Die grundlegende psychische Wirklichkeit scheint so auszusehen: Ihre Form, Haltung und Kondition sind Spiegelungen des tief verwurzelten Selbstbildes, das Sie von Geburt an bis jetzt entwickelt haben. Nur wenn sich dieses geistige Bild zu einer neuen Vorstellung Ihres Körperzustandes weiterentwickelt, wird es möglich sein, die Veränderungen zu bewirken, die Sie anstreben. Das ist der Grund, warum viele Männer bei ihren ernstgemeinten Bemühungen, ihren Bauch loszuwerden, scheitern.
Wenn Sie sich zum Beispiel im tiefsten Innern als schwachen Menschen ansehen, wird es Ihnen fast unmöglich sein, ein wirklich starkes körperliches Auftreten zu erreichen. Sie können sich an Fitneßgeräten abrackern und riesige Muskeln aufbauen oder Karate so beherrschen lernen, daß Sie Ihre Mitmenschen beeindrucken. Doch hinter dieser Fassade körperlicher Kraft herrscht weiterhin Ihr Selbstbild eines schwachen Menschen.
Leider sind wir durchaus fähig, unseren Mitmenschen und uns selbst etwas vorzumachen, wenn wir unser äußeres Erscheinungsbild manipulieren, um etwas Gegenteiliges von dem vorzugeben, was

wir in unserem Innern fühlen. Wenn ich einen neuen Patienten begrüße, der körperlich stark ist und eine Bauchmuskulatur hat, die unbeschadet einen Lastkraftwagen zum Halten bringen könnte, weiß ich, daß wir sehr viel Arbeit vor uns haben, bevor wir die Therapieebene erreicht haben, auf der ein Mann wirkliche Kraft im Bauch entwickelt. Bei einem Patienten, der offen zeigt, daß er einen schwachen Bauch hat, kann ich umgehend damit beginnen, Wege zu erforschen, die ihn wieder in sein Kraftzentrum führen. Doch wenn sich jemand weigert, die innere Schwäche seines Bauches einzugestehen, ist Fortschritt praktisch unmöglich, bis der Panzer überwunden ist.

Da Sie sich dieses Buch jedoch vorgenommen haben, sind Sie sich wohl bereits bewußt, daß ein besseres Verhältnis zu Ihrem Bauch unumgänglich ist. Sie sind damit dem Macho-Typen, der sich über den wahren Zustand seines Bauches einiges vormacht, einen großen Schritt voraus. Tatsache ist, daß den meisten Männern mit überentwickelten Muskeln der Kontakt zu dem Gefühl in ihrem Bauch abhanden gekommen ist. Sie haben den Bauchbereich dermaßen hart und gefühllos werden lassen, daß es überhaupt keine Verbindung mehr zwischen ihm und ihren Gefühlen gibt.

Machen Sie jetzt eine Pause und stellen Sie fest, welche Wirkung diese Überlegungen auf die Muskeln und Gefühle Ihres Bauches gehabt haben.

In diesem Kapitel möchte ich besonders den Vorgang behandeln, durch den Sie bewußt von Ihrem derzeitigen zu dem von Ihnen gewünschten Selbstbild gelangen können. Der erste Schritt ist der zu überdenken, welches Selbstbild Sie erreichen wollen. Sie werden sicherstellen wollen, daß dieses Ziel realistisch ist, daß Sie es tatsächlich mit logischen Schritten erreichen können.
In erster Linie geht es darum, tatsächlich ein neues Selbstverständnis für die Zukunft zu schaffen und nicht einfach Ihr mitgebrachtes, jugendliches Selbstbild auf ein Zukunftsziel zu projizieren. Die Mehrheit der Männer, die bei dem Versuch scheitern, ihre Bauchvorstellung umzuwandeln, tun das, weil sie werden wollen, was sie einmal waren. Anstatt dessen sollte das Ziel dieser Männer aber heißen, sich zu Menschen zu entwickeln, die sie bisher nie waren. Ein neuer Mensch zu werden ist eine vage Angelegenheit. Zurückzukehren zu einem früheren Stadium erscheint dagegen risikolos, denn man kennt es bereits. Doch wie sehr wir auch die biologische Uhr zurückdrehen möchten, uns bleibt nichts übrig, als uns vorwärtszubewegen.

Überlegen wir also, wie Sie in sechs Monaten aussehen möchten. Nach dem Lesen dieses Absatzes legen Sie das Buch beiseite, schließen Sie die Augen, wenn Sie wollen, und stimmen Sie sich auf Ihre Atmung und Ihren Bauch ein. Nun stellen Sie sich Ihr Aussehen so vor, wie es nach sechs Monaten Arbeit mit diesem Programm sein sollte. Stellen Sie sich vor, wie Sie sich nackt betrachten. Achten Sie auf Ihren Bauch und auf Ihr Körpergefühl.

Wie viele Kilo leichter hatten Sie sich vorgestellt? In sechs Monaten können Sie viele Pfunde verlieren, aber wie schnell kann Ihr Selbstbild an Gewicht verlieren? Sie wissen sicherlich, daß die meisten Männer, die bei einer Abmagerungskur in zwanzig Tagen zehn Kilo abnehmen, sie in den Wochen danach wieder ansetzen. Das ist hauptsächlich deshalb so, weil ihr Körper das Gewicht verlor, nicht aber ihr Selbstbild. Es ist der bestimmende Faktor bei jeder langfristigen körperlichen Veränderung.
Deshalb ziehe ich die nachstehende Methode vor.

Machen Sie sich daran, in den nächsten sechs Wochen drei Kilo abzunehmen. Meditieren Sie bei jedem Pfund, das Sie weniger wiegen. Stellen Sie fest, ob Sie ein Pfund leichter sein wollen, ob Sie diesen Teil von sich loslassen können. Tun Sie das bewußt, damit eine Veränderung Ihres Selbstbildes bewirkt werden kann.

Grundsätzlich sinkt das Selbstbild, also die Sichtweise eines Menschen von sich selbst, im Laufe der Jahre fast gänzlich ins Unbewußte ab. Um sie zu verändern, müssen Sie regelmäßig, möglichst täglich, über das eine Pfund meditieren, das Sie in Ihrem Selbstbild verlieren wollen. Wenn Sie das gewissenhaft tun, stehen die Chancen gut, daß Sie dieses Pfund für immer los sind. Sie können sich dann in der folgenden Woche an das nächste Pfund machen.

In späteren Kapiteln erläutere ich einige Ernährungsvorschläge und schlage auch Körperübungen vor, die sehr wirksam sein können. Doch ich möchte anmerken, daß man im Extremfall Pfunde auch wegmeditieren kann, ohne irgend etwas drastisch am Lebensstil zu verändern. Die geistige Entscheidung ist die wichtigste. Faktoren wie Ernährung und Bewegung stellen sich von selbst ein, wenn die geistige Weiterentwicklung erst mal aktiviert ist.

Wenn Sie Ihren Wunsch nach Veränderung Ihres Selbstbildes ernsthaft überdenken, werden die meisten von Ihnen auf einen Teil von sich stoßen, der Angst vor jeder Art von Veränderung hat. Mein Vorschlag dazu ist dieser: Freunden Sie sich mit diesem Teil Ihrer selbst an. Lernen Sie, Ihre Ängste vor Veränderung eingehender zu verstehen. Achten Sie diese zurückhaltende Dimension Ihrer Persönlichkeit. Es gibt gute Gründe dafür, daß Menschen in gewissem Maße grundsätzlich konservative Wesen sind. Ein Übermaß an überstürzten Veränderungen wäre für jeden Menschen gefährlich, und eine allzu radikale Verschiebung des eigenen Selbstbildes kann selbstmörderische Auswirkungen haben. Sie müssen in Ihrer vorhandenen Persönlichkeit zentriert bleiben und schrittweise vorangehen, anstatt mit einem plötzlichen Sprung ins Ungewisse wachsen zu wollen.

Ich gebe zu, daß ich diesen letzten Absatz vor zehn Jahren nicht geschrieben hätte. Ich war früher überzeugt, daß Menschen fähig wären, ihre Weiterentwicklung mit großen Schritten voranzutreiben. In den wilden sechziger Jahren, als viele glaubten, man könne sich innerhalb einiger Wochen vollkommen umwandeln, war ich ein junger Psychologe. Doch der Mensch erwies sich als weitaus weniger flexibel, als wir gehofft hatten. Menschen können ihre Weiterentwicklung durchaus beschleunigen, aber alles findet in einem bestimmten zeitlichen Rahmen statt. Jede Evolution geht schrittweise voran. Sicherlich wachsen wir in Schüben, denen dann relative Entspannung folgt, aber die Wachstumsgeschwindigkeit muß wesensbedingt sein, und die Schritte können nicht größer sein, als die psychischen Fähigkeiten es zulassen.

Daher empfehle ich eine Abnahme von einem Pfund oder einem Kilo pro Woche oder jedes andere vernünftige Ziel, das Sie sich setzen. Haben Sie jedoch Verständnis für sich selbst, wenn sich Ihre Absichten als zu hochgeschraubt herausstellen.

Sie wollen eigentlich die Flexibilität Ihres Selbstbildes erforschen, es aber nicht mit zu starren Erwartungen belasten. Wenn Sie innerhalb von sechs Wochen kein einziges Pfund verlieren, ist das auch in Ordnung. Das würde bedeuten, daß Ihr Selbstbild für die Veränderung noch nicht bereit war oder daß es vielleicht einfach am besten wäre, Sie blieben bei Ihrem Gewicht und liebten sich so, wie Sie sind. Was immer Sie tun mögen, vermeiden Sie es, die Integrität Ihres Selbstbildes zu verletzen, denn sonst könnte die nächste Zeit für Sie einigermaßen verwirrend werden. Wenn Sie sich selbst lieben, können Sie die Notwendigkeit, so zu bleiben, wie Sie sind, genauso akzeptieren wie Ihr Potential zur Veränderung. Die Dynamik dieser beiden Gegenpole schafft uns die großartige Herausforderung des lebenslangen Wachstums.

Die Umwandlung Ihres Selbstbildes sollte neben dem Abnehmen auch die Stärkung Ihrer Bauchmuskulatur einbeziehen. Diese beiden Prozesse sollten immer miteinander verbunden sein. Möglichst viel zweckdienliche Bewegung, bewußtes Meditieren über die Weiterentwicklung Ihres Selbstbildes und vernünftige Ernährung — das sind die drei Säulen der Bauchumwandlung.

Wenn Sie von sich nicht die Vorstellung einer stärkeren Verfassung entwickeln, wird es Ihnen kaum gelingen, im Bauchbereich wirkliche Kraft aufzubauen. Während Sie die muskelaufbauenden Übungen machen, die ich später vorschlage, sollten Sie daher regelmäßig über die Gefühle von Stärke und Schwäche in Ihrem Bauchbereich reflektieren. Es ist unabdingbar für Sie, die Schwächegefühle in Ihrem Bauch kennenzulernen, ohne diesen Teil von sich abzulehnen.

Jeder von uns hat schwache Seiten. Wir alle kennen Anspannung und Ängste, und uns allen ist die Neigung zu eigen, in infantile Gefühle von Hilflosigkeit und Passivität zu flüchten. Ich schlage vor, diese Gefühle bewußt als Teile Ihres sich weiterentwickelnden Selbstbildes zuzulassen. Dann wird ein realistischer Fortschritt bei der Umwandlung Ihres Bauchbereichs möglich.

Schließen Sie nach dem Lesen dieses Absatzes die Augen, entspannen Sie sich und spüren Sie einige Atemzüge lang die völlige Schwäche in Ihrer Bauchgegend. Lassen Sie all die vergrabenen Gefühle der Hoffnungslosigkeit und Verzweiflung in sich los und stellen Sie fest, wie diese Gefühle Ihre Bauchmuskulatur beeinflussen.

Bei meiner therapeutischen Arbeit führe ich Patienten oft in frühere Lebensspannen zurück, damit sie sich an traumatische Erfahrungen erinnern, bei denen sie von vollkommener Verzweiflung und Hoffnungslosigkeit überwältigt waren. Statt daß solche Erfahrungen akzeptiert und danach losgelassen werden können, werden sie hinterher häufig geleugnet. Die Konsequenz eines derartigen Leugnens ist eine andauernde Schwäche des Bauches, denn die alten Gefühle wollen ausreichend wahrgenommen werden, damit sie entladen werden können.

Wir speichern viele alte traumatische Gefühle in

unserer Bauchmuskulatur. Wenn ein Baby schreit, spannt es die Bauchmuskeln wiederholt kräftig an. Doch wenn wir größer werden und unsere spontanen Entladungen durch Weinen nicht mehr zulassen, beginnen wir, diese unausgedrückten Gefühle in den Bauchmuskeln aufzubewahren. Der Pionier der Gefühlsentladungstherapie, Wilhelm Reich, zeigte deutlich auf, daß alte Traumen die Gefühle des Menschen im Bauchbereich weiterhin beeinflussen, bis die Traumen endlich durch tatsächliche Anspannungen der Bauchmuskulatur entladen werden.
Deshalb helfen Sie sich mit jeder bewußten Anspannung des Bauches, ob durch emotionalen Ausdruck oder Körperübungen, freizuwerden von alten, unverarbeiteten Gefühlen.
Doch bis Sie Ihre Selbstbetrachtung und die Beschaffenheit Ihres Bauches tatsächlich verändern, werden zwei Stimmen auf Sie einreden: Die eine sagt Ihnen, daß Sie sich verändern wollen, und die andere, daß Sie sich genau so mögen, wie Sie sind.

Sagen Sie sich ein paarmal: »Ich will meinen Bauch verändern.«
Sagen Sie sich nun: »Ich will mich gar nicht verändern. Ich mag mich so, wie ich bin.«
Wechseln Sie zwischen den beiden Aussagen einige Male ab, und achten Sie darauf, welche Emotionen jeweils aufsteigen.

Ich möchte Ihnen einen konkreten ersten Schritt anbieten, bei dem Sie herausfinden können, ob Sie bereit sind, Ihr Selbstbild in die gewünschten Richtungen zu verändern.
Nehmen Sie sich vor, in der kommenden Woche mindestens einmal pro Stunde die Bauch-Atemmeditation zu machen, damit Sie regelmäßig in bewußtem Kontakt mit den Bauchmuskeln sind, die Sie stärken wollen.
Beginnen Sie zusätzlich mit der nachstehenden Übung zum Verbrennen von Kalorien und zur Stärkung der Bauchmuskeln. Wenn Sie diese einfache und spaßmachende Bewegungsübung morgens und abends ausführen können, sind Sie auf dem Wege zu weiteren, kraftvolleren Übungen.

1. Laufen Sie als erstes, solange Sie möchten, auf der Stelle oder durch Ihre Räume. Fordern Sie sich dabei nicht zu sehr. Das bringt Ihren Kreislauf in Schwung und gewöhnt Sie an körperliche Bewegung.

2. Legen Sie sich flach auf den Fußboden, die Knie angewinkelt und die Fußsohlen flach auf dem Boden. Strecken Sie ein Bein gerade aus, und während Sie mit einer Bauchanspannung ausatmen, heben Sie das Bein langsam hoch. Wenn Sie dann einatmen, senken Sie das ausgestreckte Bein langsam zu Boden, ohne ihn jedoch zu berühren. Heben Sie es wieder beim nächsten Aus-

atmen und spannen Sie dabei die Bauchmuskeln bewußt an, so daß Sie sie deutlich spüren. Beim Einatmen senken Sie das Bein wieder ab. Wiederholen Sie dies, sooft Sie möchten.
Bewegen Sie dann das andere Bein genauso, sooft Sie wollen. Variieren Sie die Übung nach Belieben. Sie dient dem Zweck, Ihren Bauch auf angenehme Weise zu beleben, also heben Sie Ihre Beine abwechselnd, wie es am besten für Sie ist.

3. Strecken Sie die Beine auf dem Fußboden gerade aus, entspannen Sie sich völlig, und legen Sie die Hände auf Ihren Bauch. Erleben Sie die Gefühle, die durch Ihren Körper strömen, während Sie mühelos weiteratmen. Öffnen Sie sich für alle Erkenntnisse über Ihr Selbstbild und Ihren Bauch.

Mit diesen drei Grundschritten haben Sie ein vollständiges Miniprogramm zur Bauchumwandlung, das Sie in wenigen Minuten durchführen können. Folgendes wird besonders wichtig sein: Beobachten Sie sich selbst in den nächsten Tagen und stellen Sie fest, ob Sie bereit sind, ein solches Programm durchzuführen, oder ob sich etwas in Ihnen dagegen wehrt.
Wenn letzteres zutrifft, tun Sie dies: Setzen Sie sich jeden Morgen drei Minuten lang hin und beobachten Sie, wie Sie die Übung zur Umwandlung Ihres

Bauches *nicht* machen. Akzeptieren Sie sich einfach so, wie Sie sind, und achten Sie auf das, was in Ihnen abläuft. Das kann eine aufschlußreiche Erfahrung werden. Sie werden endlich in der Lage sein, die alten Hemmungen und Gewohnheiten unmittelbar zu betrachten, die Sie bislang davon abgehalten haben, etwas Positives für Ihren Bauch zu tun. Beim Beobachten dieser Geistesgewohnheiten werden Sie feststellen, daß sie sich verändern; doch mehr darüber später.

Überdenken Sie, was Sie jetzt bereits haben: Sie haben einen Einstieg in ein konkretes Programm zur Veränderung sowohl Ihres Selbstbildes als auch Ihres Körperzustandes. Auch haben Sie die Freiheit, Ihre Bereitschaft zu erforschen, einen einzigen, einfachen Schritt zur Verbesserung Ihres Bauchzustandes zu unternehmen, ohne sich dabei unter Erfolgsdruck fühlen zu müssen. Deshalb biete ich Ihnen dieses Ausgangsprogramm zum Ausprobieren an und hoffe, daß Sie viele Erkenntnisse dabei gewinnen.

Ich fasse die Grundelemente Ihrer täglichen Übungen nochmals zusammen:

1. Machen Sie die Bauch-Atemmeditation ungefähr einmal pro Stunde.

2. Nehmen Sie sich fünf Minuten, um das einfache Bewegungsprogramm zur Kräftigung Ihres Bauchbereichs durchzuführen.

a. Sie laufen auf der Stelle und spüren Ihre Bauchmuskeln beim Laufen.
b. Sie legen sich auf den Rücken und heben die Beine an, um Ihre Bauchmuskeln anzuregen. Variieren Sie die Haltung der Beine bei dieser Grundübung, bis Sie aufhören möchten.

3. Entspannen Sie sich dann, konzentrieren Sie sich auf Ihre Atmung und das Gefühl in Ihrem Bauchbereich. Führen Sie eine der Bauchmeditationen durch, die Sie gelernt haben. Erinnern Sie sich an Momente aus der Vergangenheit, die mit Ihrem Bauch zu tun hatten, oder überdenken Sie Ihr gegenwärtiges Selbstbild oder das, das Sie anstreben. Sie können auch das Gespräch mit Ihrem Bauch weiterführen oder sich auf Gefühle in Ihrem Bauchbereich konzentrieren. Vielleicht können Sie diese Gefühle aufsteigen lassen und dadurch freisetzen.

4. Als allgemeine Bauch-Bewußtseinsmeditation versuchen Sie, sich Ihres Bauches tagsüber ständig bewußt zu bleiben, damit Ihr ganzes Leben Teil der Beziehung zwischen Ihnen und Ihrem Bauch wird.

Das sind die vier täglichen Schritte, die eine Verwandlung Ihres Bauches bewirken werden. Achten Sie darauf, wie Sie mit diesem Programm umgehen. Beobachten Sie sich, erforschen Sie Ihre Bereitschaft zu handeln wie auch Ihren möglichen Widerstand dagegen. Gehen Sie sanft in diesen ersten Teil des Programms hinein, und genießen Sie die Erkenntnisse, die Ihnen täglich zuteil werden.

# 5

## Ihr Kampfgeist

In diesem Kapitel möchte ich einen Bereich menschlicher Traditionen betrachten, der heutzutage weitgehend ignoriert oder negativ belegt wird. Ich spreche von der Tatsache, daß in sämtlichen Kulturen die Identität des Mannes vorrangig in der des Kriegers lag. Die Menschen kämpfen, solange es sie gibt, um ihr Überleben und das ihrer Familien und Gemeinschaften, ob uns das gefällt oder nicht.
In gleicher Weise wie Kätzchen, Welpen, Affenkinder und junge Kaninchen miteinander und mit ihren Eltern balgen, üben sich unsere Kinder in Scheinkämpfen. Ob dies genetisch bedingt oder erlerntes Verhalten ist, wird Psychologen noch in alle Ewigkeit beschäftigen. Eine Tatsache bleibt unbestreitbar: Kämpfen gehört zu unserer Natur. Wir kämpfen, um uns in einer Welt zu behaupten, die uns sonst überfahren würde. Ein Mann muß standfest sein, wenn er seine Selbstachtung erhalten will, und er muß bereit sein, Familie und Zuhause zu verteidigen, wenn Kräfte von außen drohen.

Fragen über den Mann und seinen Bauch sind eng verbunden mit Fragen über seinen Kampfgeist.

Überdenken Sie einen Moment lang Ihre Vorstellung von einem edlen Krieger. Stellen Sie sich zum Beispiel einen Samurai mit seinem tödlichen Schwert vor. Betrachten Sie den Bauchbereich dieses großartigen Mannes. In was für einer Verfassung ist er?

Stellen Sie sich nun einen Indianerkrieger vor, wie er mit Pfeil und Bogen in der Hand über die Prärie reitet. In welchem Zustand ist sein Bauch verglichen mit Ihrem?

Sehen Sie nun, welcher Held aus Ihrer Kindheit in Ihrer Phantasie auftaucht. Wen spielten Sie am liebsten, als Sie mit Ihren Freunden kindliche Abenteuer inszenierten? Schließen Sie die Augen, wenn das Ihren Erinnerungen hilft, und erleben Sie noch einmal die Gefühle in Ihrem Bauch, als Sie ein wilder junger Krieger waren.

Der Schlüssel zum Kriegerdasein in unserer Zeit unterscheidet sich eigentlich in nichts von der körperlichen Konfrontation früherer Zeiten. Die Kraft des Mannes befindet sich immer noch in seinem Bauch, sei er ein Samurai oder ein Manager. Kraft benötigt die emotionale wie die körperliche Bereitschaft, für das zu kämpfen, was man für gerecht hält. Dazu gehören die Muskelkraft des Bauches, die emotionale Kraft im gesamten Körper und ein subtiler Kampfgeist, der die Tradition fortsetzt, wie sie seit jeher in allen Gemeinschaften von einer Generation an die nächste weitergegeben wurde. Mit diesem Gedanken möchte ich Ihre Aufmerksamkeit dorthin zurücklenken, wo Sie diese Kriegertradition in Ihrem eigenen Umfeld erlernt haben.

Denken Sie als erstes an Ihren Vater. Hatte er einen starken Kampfgeist? War er ein ehrlicher Mann, der fair kämpfte, der keine Angst davor hatte, sich Gefahren zu stellen? Konnte er sich stählen und seine innere Kraft sammeln, wenn es sein mußte? Legen Sie eine Pause ein, schließen Sie die Augen, und atmen Sie in Ihre Gefühle des Augenblicks hinein. Achten Sie darauf, welche Erinnerungen an Ihren Vater als Kämpfer auftauchen.

Falls Ihr Vater einen schwachen Bauch und wenig Kampfgeist hatte, wie beeinflußte das Ihren eigenen Geist? In welchem Maße haben Sie die Lebenshaltung Ihres Vaters übernommen? Nehmen Sie sich auch hier die Zeit, über diese wichtige Frage zu reflektieren.

Manche Männer mit schwachen Bäuchen haben diesen Zustand von Vätern übernommen, die auch schwach im Kampf waren. Wenn diese Beschreibung zu Ihnen paßt, dann ist die Zeit für Sie gekommen, bewußt die Identifizierung mit Ihrem Vater abzulegen, damit Sie zu einem neuen Selbstbild gelangen können, das mit Ihrem Familienerbe bricht.

Doch auch die Söhne mächtiger Väter entwickeln manchmal schwache Bäuche. Warum? Manchmal wird ein Junge von der Kraft seines Vaters überwältigt. Manchmal verschreckt ein Vater seinen Sohn zu früh mit zuviel Kampfgeist. Dann reagiert der Sohn, indem er sich mit seiner Mutter identifiziert, die sanfter und liebevoller ist, die Bedürfnisse und Grenzen eines kleinen Jungen besser versteht.

Ich glaube sogar, daß die Mehrheit der Männer unter meinen Patienten, die an mangelndem Kampfgeist litten, übermächtige und verunsichernde Väter hatten. Sie räumten ihren Söhnen nie die Chance ein, ihren eigenen jungen Kampfgeist schrittweise zu entwickeln. Ein Junge braucht das Gefühl, daß seine eigene Kraft ausreicht. Wenn der Vater ihn ständig überschattet, können sich die Bauchgefühle der Kraft und Selbstbehauptung im Jungen nicht richtig entwickeln.

In einem solchen Fall wird der Sohn immer in die schwache, untertänige Rolle gedrängt. Wenn er sich gegen den dominierenden Vater auflehnt, nutzt der seinen Machtvorteil, um den Jungen zu überwältigen. Das führt beim Sohn zu einem Selbstbild, das von Angst, Machtlosigkeit und Unterwürfigkeit durchdrungen ist. Als einziger erfolgversprechender Weg wird der der Unterwerfung gesehen. Ein solcher Junge entwickelt meistens hinterlistigere Methoden, um zu kämpfen und zu siegen. Dabei

läßt er jedoch seine Bauchmuskeln schlaff bleiben, um den Vater nicht zu provozieren.
Es handelt sich hier um den äußerst komplexen Bereich der Persönlichkeitsentwicklung. Jeder Mann hat seine eigene Geschichte dazu, wie er lernte, als junger Krieger geradezustehen oder sich als Opfer zu unterwerfen. Ich will Sie mit diesen Gedanken ermutigen, sich unmittelbar mit Ihrem diesbezüglichen Werdegang auseinanderzusetzen. Sie kennen ihn, also nehmen Sie sich die Zeit, ihn sich bewußt zu machen.

Legen Sie nochmals eine Lesepause ein und blicken Sie zurück, um neue Erkenntnisse in der Beziehung zu Ihrem Vater oder anderen männlichen Bezugspersonen wahrzunehmen. Ließ Ihr Vater Sie geradestehen und stark sein, oder wurden Sie bestraft und verängstigt, bis Sie Ihren Kampfgeist aufgaben?

Während Sie diese Worte lesen, können wir uns nun mit Ihrem Bauch befassen. Sind Sie heutzutage fähig, sich Situationen zu stellen und, wenn nötig, ein Krieger zu sein, oder haben Sie den Kontakt zu diesem Aspekt der menschlichen Natur irgendwie verloren?
Probieren Sie die folgende Übung entweder jetzt gleich oder sobald Sie Gelegenheit dazu haben.

Stehen Sie ruhig, und konzentrieren Sie sich auf Ihre Atmung. Gehen Sie langsam, aber mit einem zunehmenden Gefühl persönlicher Kraft im Zimmer umher. Atmen Sie langsam kräftig aus. Genießen Sie das Gefühl wachsender körperlicher Gegenwärtigkeit und Wachsamkeit. Spüren Sie, wie sich das Gefühl in Ihrem Bauch verändert, während Sie umhergehen und den Kontakt mit Ihrem Kampfgeist wahrnehmen.

Versuchen Sie alles, was Sie heute noch zu tun haben, im Bewußtsein Ihres Kriegergeistes zu verrichten. Das kann Ihrem Erleben des jeweiligen Augenblicks das wunderbare Gefühl einer dauerhaften Qualität verleihen. Die Schlüssel zur Aktivierung Ihrer persönlichen Kraft haben Sie bereits erhalten.

Atmen Sie vollständig mit Hilfe Ihrer Bauchmuskulatur aus, so daß Sie an die Wurzel Ihrer Kraft im Bauch gelangen. Bleiben Sie in Verbindung mit jenem stolzen, selbstsicheren Kriegergeist, der Ihnen als Kind zu eigen war. Legen Sie das Buch beiseite und versuchen Sie Ihre persönliche Kraft jetzt zu erspüren.

# 6

## Kalorienzählen für Männer

In diesem Kapitel möchte ich Ihnen Veränderungen Ihrer Ernährung vorschlagen, damit Sie Ihr Gewicht dauerhaft unter Kontrolle halten können.

Als erstes will ich klarstellen, daß ich kein ausdrücklicher Freund des Kalorienzählens bin. Einige Wochen lang lohnt es sich, damit Sie lernen, in welchen Nahrungsmitteln die meisten Kalorien verborgen sind. Doch sobald Sie gelernt haben, welche Eßgewohnheiten Sie dick machen, können Sie die Kalorienliste beiseite legen und sich darauf konzentrieren, ungesunde Speisen zu vermeiden. Dazu gehört Disziplin, und ein wenig davon tut uns allen gut.

Daher empfehle ich, daß Sie Ihre Kalorienaufnahme einige Wochen lang gewissenhaft überwachen, um sich bewußt zu werden, was Sie tatsächlich zu sich nehmen, falls Sie das noch nicht getan haben. Kalorientabellen erhalten Sie vielerorts, zum Beispiel im Buchhandel oder im Reformhaus.

Sobald Sie sich darüber informiert haben, machen Sie sich eine Liste der Nahrungsmittel, die Sie besser meiden sollten. Achten Sie darauf, was mit Ihrer Persönlichkeit geschieht, wenn Sie die Disziplin entwickeln, solche Speisen abzulehnen, von denen Sie wissen, daß sie nicht gut für Sie sind.

Ich will Ihnen sagen, was ich auf meiner Liste habe, damit Sie Vergleiche mit Ihren eigenen Eßgewohnheiten anstellen können.

Vorweg gesagt gibt es keine Zweifel darüber, daß viele Männer Fettbäuche haben, weil sie zuviel Bier trinken. Ich sprach vor kurzem mit einem Tischler darüber. Er ernährt sich weitgehend gesund, betreibt im Vergleich zum Durchschnittsbürger enorm viel Sport und hat dennoch einen Bierbauch. Der Grund dafür ist einfach. Nach der Arbeit trinkt er allabendlich mit den Kumpeln einige Biere, bevor er zum Abendessen nach Hause geht. Diese täglichen Biere, zu denen am Wochenende noch einige mehr hinzukommen, sind für die beachtliche Fettschicht auf dem ansonsten kraftvollen Körper verantwortlich.

Wein, auch härtere Getränke, haben eine ähnliche Wirkung.

Wenn Sie viel trinken und einen dicken Bauch haben oder auch weniger trinken und einen weniger dicken Bauch haben, werden Sie das Trinken einschränken müssen, wenn der Bauch verschwinden soll. Körpertraining und Diät sind wertvoll, aber letztendlich werden die 500 bis 1000 Kalorien, die Sie täglich dazu trinken, für einen voluminösen Bauch sorgen, wenn Sie den Alkohol nicht einschränken. Manche von Ihnen werden einfach entscheiden können, das Trinken sein zu lassen, während andere die Hilfe von Außenstehenden dabei benötigen. Es gibt Beratungsstellen, die Ihnen bei Bedarf helfen können, und die Übungen und Meditationen für Ihren Bauch sollten dafür auch ein gutes Fundament sein.

Zum Essen sei gesagt, daß alles Gebratene Gift für Sie ist. Versuchen Sie bei allen Gelegenheiten, Gebratenes zu vermeiden. Aus medizinischer Sicht kann man das gar nicht überbetonen. Besonders wenn tierische Fette gebraten werden, werden die Fettmoleküle äußerst schwer verdaulich und werden höchstwahrscheinlich auch in Ihrem Körper als Fett zurückbleiben, satt abgebaut oder verbrannt zu werden. Erstellen Sie eine Liste aller gebratenen Speisen, die Sie regelmäßig essen, und versuchen Sie, in den kommenden Wochen und Monaten immer weniger davon zu sich zu nehmen.

Als nächstes sind Milchprodukte hoch oben auf der Liste der dickmachenden Speisen. Sie sollten jede Art von Käse meiden. Dennoch muß ich sagen, daß es meistens nicht funktioniert, Käse ganz aus dem Speiseplan zu streichen, denn oftmals essen Leute nach einer Weile um so mehr davon. Wann immer Sie sich Käse oder andere Milchprodukte nehmen, seien Sie sich dessen einfach bewußt und denken Sie: »Ich esse etwas, das mich dick macht. Muß ich diesem Geschmackswunsch nachgeben?«

Die dritte Gruppe der dickmachenden Nahrungsmittel umfaßt auch die zuckerhaltigen Nachspeisen. Wenn Sie sich ein Stück Torte mit Schlagsahne zum Nachtisch bestellen, denken Sie daran, daß dies mehr Kalorien enthält als eine gesamte gesunde Mahlzeit.
Es ist leicht für mich zu sagen, Sie sollten das lassen und sich nach dem Essen eher etwas hungrig fühlen. Für Sie ist es jedoch etwas ganz anderes, das durchzuführen. Ich möchte Ihnen einige Ratschläge geben, die bei mir funktionieren.
Sie können vieles essen, das gut schmeckt, nahrhaft ist und dennoch wenige Kalorien enthält. Darüber informiert zu sein, ist ein Segen für jemanden, der Pfunde loswerden will, ohne dabei leiden zu müssen.

### *Gute, nahrhafte Mahlzeiten mit weniger Kalorien*

Um abzunehmen, müssen Sie Ihre Kalorienaufnahme auf rund 1200 pro Tag senken. Das bedeutet, daß Sie zum Beispiel folgendes zu sich nehmen können:
Zum Frühstück Joghurt, Obst, Getreide oder Müsli mit Früchte- oder Kräutertee (vermeiden Sie Koffein bei einer Diät, da es Ihr System anregt und Sie zu schnell wieder hungrig werden). Oder Sie können tiefgefrorene Beeren mit Bananen oder anderem Obst in einem Mixer zerkleinern, fettarmen

Joghurt und Getreide hinzugeben und so ein schmackhaftes Frühstück herstellen. Joghurt als primäres Milchprodukt des Tages ist gesund und enthält die richtige Menge an tierischen Fetten.

Machen Sie sich zum Mittagessen eine Schüssel braunen Reis, der ganz ausgezeichnet schmeckt, wenn Sie Hunger haben. Der Schlüssel zum Genießen von gesunder Nahrung ist, hungrig zu sein, bevor man ißt. Somit können Sie minderwertige Nahrungsmittel weglassen und sich mit natürlichen Speisen ernähren, die auch zur Normalisierung des Verdauungstrakts beitragen. Zu dem braunen Reis nehmen Sie einen Salat mit vielen rohen Gemüsen oder gegartes Gemüse, wie Blumenkohl oder Spinat, die beide kaum Kalorien enthalten.

Hier können Sie auch ungestraft schlemmen, indem Sie Butter auf den Reis tun, wenn Sie mögen, dem Salat eine Soße beigeben und den Spinat oder Blumenkohl mit Parmesankäse garnieren, damit er gut schmeckt. Joghurt ist auch eine gute Zugabe für Gemüse. In vernünftigen Mengen bedeuten diese Zutaten vielleicht hundert Kalorien mehr, aber sie machen die Mahlzeit geschmacklich bedeutend interessanter. Das Ganze ergibt etwa 500 Kalorien, wenn Sie Zitronenwasser dazu trinken anstelle von Bier, Cola oder Milch. (Leitungswasser mit einer Zitronenscheibe ist nicht nur kalorienfrei, sondern schmeckt ausgezeichnet.)

Mit diesem Frühstück und Mittagessen haben Sie 400 bis 500 Kalorien pro Mahlzeit zu sich genommen. Das heißt, Sie können nachmittags noch eine Kleinigkeit zu sich nehmen und dann das Abendbrot, und wenn Sie die richtigen Sachen essen, bleiben Sie unter 1200 Kalorien für den gesamten Tag.

Für den Nachmittag empfehle ich grünen chinesischen Tee, der zudem die Bildung der roten Blutkörperchen anregt. Der Tee gibt Ihnen einen gesunden Energieschub und ist eine schöne Nachmittagsunterbrechung, wenn Sie Zeit dafür haben.

Zum Tee können Sie Reiskekse nehmen, die nur etwa sieben Kalorien haben. Wenn Sie wirklich hungrig sind, werden sie Ihnen sehr gut schmecken.

Nehmen Sie als Ergänzung dazu Mohrrübenscheiben oder andere Gemüsestücke, und Sie haben eine ausgewogene, sättigende Zwischenmahlzeit. Wenn Sie sieben bis acht Kekse essen, bleiben Sie dabei immer noch unter 100 Kalorien, wobei ein Schokoriegel weit mehr als 200 Kalorien hat und eine Cola bereits über 100.

Das Abendessen sollte früh eingenommen werden und leicht sein, damit Ihr Magen nicht belastet ist, wenn Sie ins Bett gehen. Menschen mit dicken Bäuchen haben fast immer die Gewohnheit, spät und schwer zu essen, und verschlingen oft Steaks und Kartoffeln zu den unmöglichsten Zeiten.

Der Abend ist die Zeit für Gemüse oder Salat, je nachdem, was Sie zum Mittagessen nicht hatten. Sie können sich eine ganze Packung tiefgefrorenen Spinat zubereiten, Parmesankäse oder Sesam hinzugeben sowie etwas Butter, Joghurt oder was Sie geschmacklich sonst wünschen. Eine übliche Packung derartig gewürzten Spinats enthält lediglich 100 bis 150 Kalorien. Ein großer Salat ergibt ungefähr das gleiche, wenn man nicht allzuviel Käsesoße hinzugibt. Zu trinken gibt es genügend koffeinfreie Getränke auf dem Markt.

Das ist mein persönlicher Vorschlag für eine Diät von 1200 Kalorien pro Tag, bei der man jede Mahlzeit genießt. Dazu ein Tip, den ich an Sie weitergeben möchte. Sie können diese Diät wochentags einhalten, aber gönnen Sie sich am Wochenende ein schönes Stück Fleisch zum Mittagessen oder am frühen Abend, und dazu einige Gläser Wein oder Bier, wenn Sie mögen. Ich habe festgestellt, daß ich mich wochen- oder sogar monatelang wochentags gesund ernähren kann, wenn ich am Wochenende jenem Teil von mir nachgebe, der gelegentlich liebend gern ein Steak verschlingt.

Langfristig ist alles eine Frage der Ausgewogenheit. Entdecken Sie eigene Wege hin zu einem Speiseplan aus gesunden, kalorienarmen Nahrungsmitteln, die Ihnen schmecken. Lernen Sie ihre Zubereitung und Ergänzungsmöglichkeiten kennen, damit Sie Freude daran haben. Sie können auch wochentags einer Mahlzeit Hähnchen und einer weiteren Fisch hinzufügen, wenn Sie zusätzliches Eiweiß haben wollen.

Machen Sie jetzt eine Pause und betrachten Sie Ihre Gefühle zu einer solchen Ernährungsweise. Sie werden ungefähr 25 Prozent weniger essen und dabei überwiegend gesunde, kalorienarme Speisen zu sich nehmen.

Ein Krieger kann tagelang nur mit Wasser auskommen und sich dennoch geistig wohlauf und körperlich fit und stark fühlen. Unser Körper kommt ohne dauernde Nahrungsaufnahme sehr gut zurecht. Wir können drei, sieben oder sogar vierzehn Tage fasten, ohne daß es uns körperlich schadet. Im Gegenteil, Fasten reinigt unser System auf natürliche Weise.
Es wäre auch für Sie ratsam, einen Tag in der Woche zu fasten, so, wie es in vielen traditionellen Kulturen Brauch war. Nehmen Sie zum Beispiel den Sonntag, um einfach nichts zu essen. Das verringert Ihre Kalorienaufnahme um etwa 14 Prozent und wirkt zudem systemreinigend.

### *Angenehm leer statt übervoll*

Die wichtigste Botschaft dieses Kapitels ist, daß Sie die Wahl haben, sich statt in ständiger Überfülle in einem eher leeren Zustand zu befinden. Das heißt, Sie werden sich anfänglich vergleichsweise leer vorkommen, bis Sie sich an das befriedigende, satte Gefühl bei der Hälfte Ihrer bisherigen Kalorien gewöhnt haben. Auch das ist eine Herausforderung an Sie — Ihr Selbstbild von dem eines Menschen, der vollgestopft sein muß, um sich zufrieden zu fühlen, auf das von jemandem umzuschalten, der ein leichtes Körpergefühl und weniger Fülle mag, der mit Leere leben kann und ein Leben genießt, das in Fettlosigkeit und Gesundheit abläuft.

Was soll daran falsch sein, sich einen Teil der Zeit leer zu fühlen? Warum laufen wir vor Hungergefühlen weg? Wie können wir uns von alten Gewohnheiten und Ängsten vor dem Hungern befreien, damit wir gewissermaßen neu geboren werden, in ein neues Selbstbild übergehen, mit dem wir uns wohler und gesünder fühlen?

Es ist klar, daß unser Instinkt den Hunger mit dem Gedanken an Verhungern verbindet. Es ist daher normal, Angst vor Hungergefühlen zu empfinden und nach Nahrung zu suchen, wenn wir einigermaßen leer werden. Doch für bewußte Wesen heißt es, die Instinkte zu verstehen, innerhalb ihrer Parameter zu leben, aber dennoch unser instinktives Drängen so zu steuern, daß wir optimale Gesundheit und Lebenskraft haben.

Eine ständige Weiterentwicklung Ihres Selbstbildes beinhaltet, daß Sie Ihr Leben bestimmen, anstatt von früheren Konditionierungen und allgemeinen Instinktzwängen bestimmt zu werden.

Nehmen wir das Thema Essen. Es ist die Herausforderung an den Krieger, dem Hunger ohne Angst zu begegnen, wenn Sie wissen, daß Sie nie in Gefahr sind zu verhungern. Seien Sie tapfer, atmen Sie in die Leere hinein, wenn Sie sie spüren, entspannen Sie sich, und essen Sie weniger. Werden Sie zum Sieger, der nicht suchthaft an minderwertiger Nahrung und Alkohol hängt. Geben Sie zum Beispiel jede Woche ein untaugliches Nahrungsmittel endgültig auf, bis es nichts mehr davon auf Ihrem Speiseplan gibt. Dazu fordere ich Sie heraus!

# 7

## Übungen zur Straffung des Bauches

Menschen lassen sich wahrscheinlich am besten durch die Art und Weise definieren, in der sie sich auf dieser Erde bewegen. In früheren Zeiten des einfachen Jägerlebens legte ein durchschnittlicher Mann am Tage 30 bis 50 Kilometer zurück. Wenn wir uns in entsprechender Form befinden, sind wir tatsächlich herrliche Laufmaschinen, und einen Bauch findet man bei einem Läufer nie.

Doch heute bewegen wir uns hauptsächlich mit Hilfe von Autos, Bussen, Zügen und Flugzeugen fort. Die Technologie hat über den strammen Bauch und die gute Kondition gesiegt und aus dem Jäger von einst einen bewegungsfaulen Computer werden lassen, der abends noch weniger fit nach Hause kommt, als er morgens losging. Es grenzt an Ironie, daß wir uns den ganzen Planeten zu eigen gemacht und dabei unsere Gesundheit verloren haben.

Aber ich nehme an, Sie können diese Entwicklung anhand Ihres eigenen Lebens belegen.

Können Sie sich an frühere Zeiten erinnern, in denen Sie ständig liefen? Gönnen Sie sich eine Pause, schließen Sie die Augen und lassen Sie die Erinnerungen an jene Jahre aufsteigen, als Sie noch ein regelrechter Wirbelwind an Bewegung waren. Lassen Sie die Erinnerungen zwanglos zu, während sie auf Ihre Atmung achten und Ihre Aufmerksamkeit dahin zurück richten, als Sie sich noch auf flinken Füßen durchs Leben bewegten.

Überlegen Sie nun, wie sich Ihre Gewohnheiten mit dem Älterwerden verlangsamten. Blicken Sie zurück auf einen typischen Tag in Ihrer späteren Schulzeit. Was taten Sie an einem solchen Tag, was mit Bewegung verbunden war? Zu welcher Tageszeit saßen Sie einfach herum? Wieviel gingen Sie? Wann liefen oder tanzten Sie oder taten ähnliches?

Überdenken Sie nun Ihre derzeitigen Bewegungsgewohnheiten. Wiederholen Sie die Liste von eben: sitzen, gehen, laufen, tanzen und ähnliches.

Überdenken Sie auch Ihre heutige Einstellung zur Bewegung. Laufen Sie zum Beispiel gerne? Mögen Sie tanzen? Treiben Sie Sport, bei dem Ihr Kreislauf richtig aktiviert wird?

Natürlich möchte ich Sie dafür interessieren, mehr Bewegung in Ihr tägliches Programm aufzunehmen. Doch warum sollte Bewegung für den Zustand Ihres Bauches wichtig sein? Sehr einfach: erstens, weil Sie Ihre Bauchmuskeln bei allen Körperbewegungen arbeiten lassen. Wenn Sie die Beine

bewegen, um einen Schritt zu tun, nehmen Ihre Bauchmuskeln daran teil. Wenn Sie laufen, können Sie spüren, wie Ihre Bauchmuskeln mit allen anderen Muskeln zusammenarbeiten.
Zweitens wissen Sie selbst, daß Bewegung Kalorien verbrennt und somit das Fett verbraucht, das Sie um die Körpermitte tragen. Energisches Gehen hilft da fast so gut wie Laufen. Doch meine Erfahrung ist, daß es sich sehr empfiehlt, eine höhere Gangart einzulegen, wenn Sie den Kriegergeist wieder spüren und gleichzeitig abnehmen und Ihren Bauch in Form bringen wollen.
Der Mensch verändert sich, wenn er zu laufen beginnt. Es beseelt ihn dann ein ganz bestimmter Geist, der sonst nicht vorhanden ist. Wenn Sie laufen, strömt Energie in den Körper, und es bildet sich eine Bewußtseinsebene, die es nicht gibt, wenn man geht, stillsteht, sitzt oder liegt.
Glauben Sie aber bitte nicht, daß ich Sie zum Marathonläufer machen will. Auch sollen Sie nicht hinausgehen und sich umbringen, um die Kraft des Kriegers und die Umwandlung Ihres Bauches zu erleben.
Als ich heute draußen war, ging ich ungefähr zwei Minuten lang und stellte fest, wie ich mich körperlich fühlte. Das Gefühl war eher schwer, mir war gar nicht nach Laufen zumute. Es muß immer eine gewisse Trägheit überwunden werden, bevor man sich im veränderten Zustand des flinkfüßigen Kriegers befindet.

Der Ruck, den man sich dafür geben muß, braucht etwas Disziplin. Ich brachte sie auf, um meine Jogging-Schuhe anzuziehen und hinauszugehen. Doch alleine schon das Gehen brachte meinen Geist auf eine höhere Ebene. Dann gab ich mir noch einen Ruck und begann zu laufen. Bereits nach zehn bis fünfzehn Sekunden schlug mein Herz kräftiger, das Adrenalin nahm zu, und ich spürte die Umwandlung.

Ich zwang mich aber nicht, eine Stunde, ohne anzuhalten, zu laufen. Statt dessen lief ich vielleicht fünf Minuten lang und ging dann wieder, damit ich mich umsehen konnte und mir meines Gefühls nach dem kurzen Lauf bewußt wurde. Mein Bauch fühlte sich stramm an, mein Geist leicht und energisch. Nach einigen Minuten des Gehens fingen meine Füße ganz automatisch an, wieder zu laufen, und ich kehrte in jenen Zustand der Kriegerenergie zurück, den ich so liebe.

Für die meisten Männer ist es am besten, sich gut zu ernähren und mehr zu bewegen, anstatt eine strenge Diät einzuhalten und körperlich träge zu bleiben. Ich glaube, daß fast jede Ernährung in Ordnung ist, wenn wir uns nur genügend bewegen. Ein merkwürdiges Phänomen ist, daß wir mit zunehmender Körperbewegung Hunger auf vollwertige Ernährung bekommen. Der Körper weiß sehr wohl, was seinem Befinden zuträglich ist.

Daher empfehle ich, möglichst viel draußen in der Natur zu laufen. Knüpfen Sie an die Lauffreude an, die Sie als Kind kannten, und verwandeln Sie Ihr heutiges Selbstbild in das des reifen Kriegers, der immer noch gern läuft. Oft ist einem der Gedanke, beim Laufen gesehen zu werden, irgendwie peinlich. In der Geschäftskleidung, die viele Menschen in der Stadt tagsüber tragen, ist es unmöglich zu laufen. Die Leute würden einen für verrückt halten, zumindest aber für höchst merkwürdig. Wir haben das große Glück, heute so weit fortgeschritten zu sein, daß viele Männer regelmäßig laufen. Schade dabei ist, daß Jogging als Modeerscheinung ausgeübt wird, statt als etwas völlig Natürliches, das Männer und Frauen gerne tun.

Vermeiden Sie Probleme beim Laufen. Betreiben Sie es nicht fanatisch. Gönnen Sie sich die Zeit, Spaß dabei zu haben. Machen Sie vor allem kein weiteres, drückendes Ziel daraus, das Sie erreichen müssen. Bleiben Sie skeptisch, wenn Leute Ihnen einreden wollen, Laufen sei gefährlich für die Gelenke und ähnliches. Bei vernünftiger Handhabung kann praktisch jeder hinaus ins Freie, um behutsam seinen ursprünglichen Bewegungsgeist wieder zu entdecken.

Ich habe festgestellt, daß es neben dem Laufen für Männer mit dicken Bäuchen wichtig ist, spezielle Bewegungsabläufe durchzuführen, um die Bauchmuskulatur zu stärken. Ich möchte einige der wichtigsten hier schildern, damit Sie mit den Übungen beginnen können, falls Sie sie noch nicht kennen.

Während Sie diese Bewegungsabläufe ausprobieren, bleiben Sie sich bewußt, daß es am wichtigsten ist, sich in einer Weise zu bewegen, wobei Sie sich wohl fühlen. Ein Gespür für die verschiedenen Bauchmuskeln zu bekommen ist für die meisten Menschen ein positives Gefühl. Sie müssen nur lernen, die Übungen so zu dosieren, daß die Freude daran optimal ist und die Anstrengung auf ein Mindestmaß verringert wird. Es gibt einen kritischen Punkt, an dem man kurz davor ist, die Übung zu übertreiben und sich ein negatives Erlebnis zu bereiten. Achten Sie auf diesen Punkt, und hören Sie auf, wenn Sie ihn spüren. Sie machen diese Übungen (hoffentlich) nicht, um sofort Monstermuskeln zu entwickeln. Statt dessen beginnen Sie einen stetigen Wachstumsprozeß, bei dem Sie, Ihre Muskeln und Ihr Selbstbild schrittweise in einen besseren Zustand gelangen. Vergessen Sie die Zukunft, nur der gegenwärtige Moment zählt. Genießen Sie die Bewegungen, weil sie Ihnen Freude machen.

### *Beine anheben*

Sie haben bereits eine Übung gelernt und hoffentlich auch ausprobiert, das Anheben der Beine. Vergessen Sie nun die alten Assoziationen bei dieser Übung. Schalten Sie sich in die neuen Erfahrungen ein, die in Ihnen auftauchen, wenn Sie sie mit Ihrem jetzigen Bewußtsein machen. Lassen Sie sich von der plötzlichen Kraft und Freude überraschen, die Ihren Körper durchströmen, wenn Sie sich anstrengen, um Ihren Kriegergeist zu aktivieren!

### *Rumpfbeugen*

Eine andere gute Übung für Ihre Bauchmuskeln ist diese: Stellen Sie sich mit weit gespreizten Beinen hin, die Füße zeigen gerade nach vorn. Beugen Sie sich nun langsam vornüber, bis Sie mit den Knöcheln der Hände den Boden berühren. Atmen Sie in diese kraftvolle Haltung hinein und lassen Sie die Energie durch Ihren Bauchbereich strömen. Experimentieren Sie mit verschiedenen Haltungen Ihrer Fäuste auf dem Boden, um festzustellen, wie Ihre Bauchmuskeln reagieren. Während die Kraft in Ihrem Körper zunimmt, atmen Sie durch den Mund, um der Anstrengung der Haltung zu begegnen. *Bevor* Sie den Punkt der Ermüdung erreichen, richten Sie sich langsam auf und schließen Sie die Augen. Atmen Sie in das neue Gefühl hinein, das Sie in Ihrem Bauchbereich angeregt haben. Bevor wir weitermachen, versuchen Sie einmal diese Variation: Beugen Sie die Knie eben so weit, daß Sie den Fußboden berühren können, und wechseln Sie Beugen und Aufrichten mehrmals nacheinander ab.

Mehrere Muskelschichten verlaufen in verschiedenen Richtungen im Bereich Ihrer Körpermitte. Um nach der letzten Übung einige weitere zu aktivieren, knien Sie sich auf einer weichen Unterlage hin und tun folgendes: Beugen Sie sich langsam nach vorn, so daß Ihr Kopf den Fußboden berührt. Heben Sie gleichzeitig die Arme nach hinten hoch, bis sie gerade nach oben zeigen. Heben Sie nun die Füße an und schauen Sie zwischen Ihren Beinen durch. Bleiben Sie in der Haltung so viele Atemzüge lang, wie Sie sich gut fühlen. Kehren Sie dann langsam in die kniende Ausgangsposition zurück. Nachdem Sie einige Male entspannt aus- und eingeatmet haben, beugen Sie sich wieder vor und atmen in Ihre Gefühle hinein. Probieren Sie diese Übung jetzt aus. Wie oft und wie lange Sie sie ausführen, bleibt Ihnen überlassen.

Das Schöne an diesen Übungen und Haltungen ist, daß sie bei jedem Durchgang ein einzigartiges Erlebnis sind. Sie werden sie nie langweilig finden, wenn Sie im gegenwärtigen Augenblick bleiben und in Ihren emotionalen und Ihren Körperzustand hineinatmen. Wenn Sie in jedem Augenblick mit dieser Einzigartigkeit Berührung haben, befinden Sie sich auf dem Weg zur Umwandlung Ihres Bauches, die Sie anstreben.
Behalten Sie bei jeder Übung und Haltung im Gei-

ste, daß Sie bewußt das Kraftpotential Ihres Bauchbereiches erwecken und sich gleichzeitig das freudige Gefühl bereiten, das einsetzt, wenn der Kriegergeist tief in Ihrem Bauch aktiviert wird.
Wenn Sie wollen, probieren Sie nun die nächste Übung. Wir bedienen uns hier einiger Bewegungen aus den Kampfkünsten, die im Fernen Osten seit vielen Generationen angewendet werden, um den Kriegergeist zu aktivieren. Doch machen wir diese Übungen mit einer Leichtigkeit, die sie in unserem normalen Bewußtsein zentriert bleiben lassen.

### *Armbewegungen*

Stehen Sie mit weit gespreizten Beinen. Dabei ist es sehr wichtig, daß Ihre Zehen gerade nach vorn zeigen, denn das bestimmt die Anspannung der Bauchmuskeln bei den verschiedenen Armhaltungen. Strecken Sie die Arme vor sich aus, die Ellbogen leicht gebeugt. Ballen Sie Ihre Hände zu kräftigen Fäusten.
Ich beschreibe nun drei verschiedene Armhaltungen. Atmen Sie bei jeder Haltung einmal tief ein und aus.

1. Heben Sie die Arme als erstes über Kopf, so daß sich Ihr Rücken leicht durchbiegt und Sie zur Zimmerdecke hin und auf Ihre geballten Fäuste schauen.

2. Senken Sie nun Arme und Fäuste langsam nach vorn, wobei Sie Rücken und Knie beugen, bis Ihre Unterarme kurz über Ihren Knien zu ruhen kommen. Atmen Sie in diese Haltung hinein ein und aus. Bleiben Sie nach dem Ausatmen so, um Ihre Kraft in dieser Haltung zu spüren.

3. Richten Sie sich nun wieder auf, und strecken Sie die Arme seitlich aus, die Ellbogen dabei so weit gebeugt, daß Sie die Haltung in den Armen sowie im Bauch deutlich spüren. (Sie bringen hier die Kraft Ihrer Arme und Hände in Harmonie mit der Bauchmuskulatur und den Kniemuskeln.)

4. Bringen Sie Ihre Arme letztlich wieder in die Ausgangsposition vor sich, die Arme leicht angewinkelt, die Ellbogen nach unten und innen zeigend. Führen Sie diesen Bewegungsablauf mehrmals hintereinander durch, aber hören Sie auf, bevor Sie müde werden. Geben Sie jeder Bewegungsphase einen Atemzug. Bleiben Sie sich dabei bewußt, daß es Ihr Ziel ist, auf angenehme Weise Ihre Bauchmuskulatur zu stärken, zu straffen und zu aktivieren.

Es gibt noch andere Übungen, um die Bauchmuskulatur anzuregen. Sie stehen einige Augenblicke ruhig da, das Gewicht gleichmäßig auf beide Füße verteilt, und atmen bewußt.
Strecken Sie nun die Arme vor, während Sie auch ein Bein nach vorn strecken und auf dem anderen balancieren. Atmen Sie einmal tief ein und aus. Führen Sie dann die Arme und das gehobene Bein nach hinten. Beugen Sie sich dabei vor, um die Balance zu halten. Bleiben Sie einen Atemzug so stehen und spannen Sie die Bauchmuskeln an, um in der Haltung zu bleiben. Kehren Sie dann für einen Atemzug wieder in die Vorwärts-Position zurück, dann in die Rückwärts-Position für einen weiteren Atemzug. Dann entspannen Sie sich, stehen ruhig auf beiden Beinen da und achten auf das Gefühl in Ihrem Bauchbereich.
Wiederholen Sie nun den gesamten Ablauf mit dem anderen Bein. Anschließend stehen Sie wieder entspannt, schließen die Augen und stimmen sich auf das Strömen der Energie in Ihrem Körper ein. Probieren Sie diese Übung jetzt selbst.

Mit diesen fünf grundlegenden Bauchaktivierungshaltungen haben Sie eine Übungsreihe, für die Sie nur etwa fünf Minuten am Tag benötigen, die aber von großem Wert für Ihren Bauch sein kann. Es liegt jetzt an Ihnen, diese fünf Übungen auswendig zu lernen, damit Sie sie allein machen können.

Was ich Ihnen eben geschildert habe, war das zweite Basisprogramm. Sie erhalten das Wissen, aber es liegt an Ihnen, es anzuwenden. Sie sollten möglichst eigene Variationen der Übungen zur Aktivierung Ihrer Bauchmuskulatur entwickeln. Es gibt Tausende davon. Sie haben den Rest Ihres Lebens, um sie zu entdecken.

In Kapitel 11 beschreibe ich auch hilfreiche Geräte, die Sie gezielt einsetzen können. Doch halte ich es für wichtig, ein Übungsprogramm vorzuschlagen, das mindestens zu 50 Prozent aus Bewegungen besteht, die keine Zusatzgeräte erfordern. Was Sie in diesem Kapitel gelernt haben, sollte also als Einführung in ein riesiges Spektrum von Übungen dienen, die Sie überall durchführen können.

Sie möchten vielleicht jetzt gleich zurückblättern und die Übungen noch einmal durchlesen, sie auch ausführen und dabei mit dem Auswendiglernen beginnen.

8

# Emotionale und sexuelle Aspekte

Es hat mich immer interessiert und manchmal amüsiert, mit Therapeuten verschiedener Denkrichtungen über deren Interpretationen des Mannes mit Bauch zu sprechen. Wie Sie vielleicht wissen, gibt es in der westlichen Welt drei klassische Schulen der Therapie, und jede dieser Traditionen hat eigene Vorstellungen darüber, wie die Frage des Bauches angegangen werden sollte. Ich möchte sie Ihnen beschreiben, damit Sie entscheiden können, welche für Sie plausibel klingt.

Erstens gibt es die Tradition Sigmund Freuds, bei der ein dicker Bauch als eine Manifestation der sogenannten oralen Fixierung ausgelegt wird. Babys beginnen das Leben mit einer starken Fixierung auf Saugen und Essen. Mit diesem drängenden Saugwunsch ist ein großes Vergnügen am tatsächlichen Saugvorgang verbunden.

Wenn aus den Babys Zwei- bis Dreijährige werden, weicht die orale Fixierung einer Phase der Analfixierung. Toilettengewohnheiten stehen dabei im Mittelpunkt, und Sinnengenuß wird mit dem Anal- und Genitalbereich und dem gesamten Körper in Verbindung gebracht.

Aus verschiedenen Gründen bleiben jedoch viele Kinder in der oralen Phase ihrer Entwicklung stecken. Grundsätzlich halten diese Kinder an einer Beziehung zu ihrer Mutter fest, die sie eigentlich loslassen sollten, der des frühen, intimen Stillens. Gelegentlich löst eine Mutter dies selbst aus, weil sie die Weiterführung derartiger Intimität wünscht, besonders dann, wenn sie sie nicht mit ihrem Partner erlebt. Ein abruptes Ende des Stillens, bevor der Säugling bereit ist, diese Beziehungsphase zu beenden, kann ein anhaltendes Verlangen nach dem Verlorengegangenen bei dem Kind hervorrufen.

Laut der Freudschen Auslegung manifestiert sich die orale Fixierung jedenfalls später im Leben als zwanghaftes Essen und Trinken und eine allgemeine Neigung, zu infantilen Gefühlen und körperlichen Attributen zurückzukehren. Sie werden selbst Männer gekannt haben, deren weiche, rundliche Körper an übergroße Babys erinnern. Oftmals sind auch ihre Stimmen besonders hell, und sie sind zudem von emotionaler Unreife geprägt. Diese Eigenschaften müssen übrigens keineswegs negativ sein. Die meisten Menschen lieben Babys, also können wir es auch genießen, einen Mann in unserem Umfeld zu haben, der ein großes Baby ist.

Der Bauchbereich eines solchen Mannes wird natürlich übergroß und schwächlich sein. Da der Zustand eines hilflosen Babys viele Vorteile mit sich bringt, ist es einem solchen Mann manchmal so gut wie unmöglich, die Entscheidung zu treffen, auf diese Vorteile zu verzichten, nur um seinen Bauch loszuwerden. Tatsächlich stellt der Bauch die positiven wie negativen Aspekte einer solchen Persönlichkeit dar.

In der Freudschen Analyse wird die angeblich neurotische Persönlichkeit dadurch behandelt, daß man den Patienten zurückgehen läßt, um seine Kindheitserlebnisse erneut zu durchleben. Die Absicht dabei ist, ihn die Gründe seiner Fixierung erkennen zu lassen, damit er somit seelisch wächst und reift. Bewegung spielt bei dieser klassischen Analyseform keine Rolle, also wird der Patient nicht unbedingt viel Veränderung in seiner Bauchmuskulatur verspüren, auch wenn er durch die Therapie zu Erkenntnissen gelangt.

Betrachten wir nun die Tradition des Wilhelm Reich, dessen therapeutische Methoden wirksame Gelegenheiten für Persönlichkeitswachstum und körperliche Umwandlung schaffen. Die von dem Reich-Schüler Alexander Lowen entwickelte bioenergetische Therapieschule und die Radix-Schule des Charles Kelley, eines weiteren Reich-Schülers, bieten völlig andere Ansätze zum Thema als Freud.

Wenn Freud den Patienten und seinen Bauch betrachtete, sah er vermutlich Dinge aus der Vergangenheit des Patienten. Doch wenn Reich den Patientenbauch betrachtete, sah er blockierte Energieströme im gegenwärtigen Augenblick.

Für Reich gab es klare Spannungsstreifen, die den Körper entlanglaufen und inneren Energiezentren entsprechen, die entweder offen sind und Energieaustausch bewirken, oder blockiert und gehemmt sind. Es ist natürlich merkwürdig, daß es bei den meisten Männern mit dicken Bäuchen einen Ring um die Körpermitte gibt, unter dem wenig oder gar kein Fett ist, während es darüber einen Gürtel aus Fett und schwachem Gewebe gibt.

Einfach gesagt war Reich der Überzeugung, daß ein Mann mit dickem Bauch den Fluß an sexueller Erregung hemmt, der sich normalerweise den Körper hinauf und hinunter bewegt. Wäre dieser Fluß unbehindert und frei, so gäbe es keinen Energiestau im Bauchbereich wie auch keine Fettansammlung und Muskelschwäche dort.

Reich stimmte im Prinzip mit Freuds Vorstellungen über infantile Fixierungen überein, doch erweiterte er sie und bezog zusätzliche Schwierigkeiten in der nächsten Phase der kindlichen Entwicklung mit ein. Hauptsächlich ging es ihm dabei um die Beziehung zwischen Vater und Sohn und den Grad, in dem der Vater zuläßt, daß der Sohn sich ihm gegenüber behauptet. Auch betonte Reich, wie wichtig es sei, daß der Vater es dem Sohn gestatte, in den ersten Lebensjahren sexuelle Gefühle zur Mutter zu haben. Laut Reich kommen spätere Probleme im Bauchbereich auf, wenn die natürlichen sexuellen Gefühle des Kindes unterdrückt werden.

Um das Problem des blockierten Energieflusses zu behandeln, verordnete Reich Therapiestunden, die das Freisetzen der frühen Hemmungen und Ängste des Patienten unmittelbar anregten, um so den Fluß von Erregung und Kraft im gegenwärtigen Augenblick im Körper des Patienten zu öffnen.
Alexander Lowen ging noch einen Schritt weiter und entwarf Bewegungsabläufe und Haltungen zur Anregung des Energieflusses im Bauchbereich. Die Übungen im letzten Kapitel sind Variationen seiner Grundübungen.
Es gibt eine dritte Therapietradition, die wir in diesem Zusammenhang untersuchen sollten. Es ist die von C. G. Jung, der Patienten mit dicken Bäuchen ganz anders betrachtete. Jung konzentrierte sich hauptsächlich auf die symbolische Natur des Unbewußten und befaßte sich mit mystischen und spirituellen Bereichen, die Freud und Reich eher mieden. Für Jung stellte ein dicker Bauch ein spezielles Gefühl tief in der Psyche des Patienten dar, ähnlich dem bei James Joyce' Romanfigur Bloom, den ich zu Anfang erwähnte. Der menschliche Geist besitzt ein riesiges Potential an symbolischen Assoziationen, und Jung ermutigte Patienten, diese Assoziationen vollkommen anzunehmen und Träume und Phantasien zu erforschen, die den Bauch selbst mehr ins Licht rückten. Wo es Freuds Anliegen war, Patienten wieder »normal« werden zu lassen, plädierte Jung dafür, den gegebenen Zustand des einzelnen zu akzeptieren und die spirituelle Bedeu-

tung statt der Neurose in den meisten Abweichungen von der kulturellen Norm zu sehen.
Mir ist klar, daß ich hier eine höchst vereinfachte Skizze dieser genialen Ideen zu Bäuchen wiedergebe, doch meine Absicht war lediglich aufzuzeigen, daß es drei unterschiedliche Ansätze gibt und daß es mir wichtig erscheint, sich über alle drei Gedanken zu machen, wenn Sie zu einem tieferen Verständnis Ihres eigenen Bauches gelangen wollen.

Können Sie diese drei Auslegungen zu Ihrem eigenen Bauch nachvollziehen: die orale Fixierung des großen Babys, blockierte Energieströme der Sexualität und Selbstbehauptung im Körper und schließlich die symbolische Bedeutung des Bauches?

Ich meine, daß einer der wichtigsten emotionalen Aspekte eines dicken Bauches mit frühkindlichen Gefühlen von Traurigkeit und einem Mangel an Aufmerksamkeit und Liebe zu tun hat. Vor Jahren arbeitete ich als Sozialpsychologe in einem Vorschulkindergarten. Einige der Kinder dort hatten bereits die Grundhaltung, die später einmal zur Entwicklung eines Bauches führen wird.
Da sie unter der Ablehnung durch die Eltern litten, hatten sie sich Schmollhaltungen angewöhnt. Reich und Lowen haben viel von diesem Zustand gesprochen. Zuerst empfindet das Kind Wut, weil es nicht genügend Aufmerksamkeit erhält. Doch der Ausdruck dieser Wut den Eltern gegenüber führt nur zu

Bestrafung und weiterer Ablehnung. Also lernt das Kind, die Wut abzublocken, und steht statt dessen in einer Schmollhaltung herum, mit hervorgeschobener Unterlippe und dickem Bauch.
Derartiges frühes Abblocken von Wut kommt natürlich bei vielen von uns vor. Ich meine sogar, daß die Mehrheit von Männern mit dicken Bäuchen es auch zumindest zum Teil als Bestandteil ihres Erwachsenenlebens beibehalten. Ein Kind sucht nach Befriedigung, und die erhält es zuerst durch Saugen. Es sollte dann einen Ausgleich geben, wo es neben der Nahrung auch ausreichend Liebe erhält. Doch wenn dies nicht der Fall ist, wird sich das Kind oftmals auf Essen als Mittel zur Befriedigung der frustrierten Bedürfnisse auf anderen Ebenen (der Liebe) fixieren.

Erhielten Sie als Kind genügend Liebe, oder gehörten Sie zu denen, die blockierte Wut im Bauch mit sich herumtrugen und schmollten? Legen Sie das Buch jetzt beiseite, wenn Sie wollen, und nehmen Sie sich die Zeit, in alle Erinnerungen oder Erkenntnisse hineinzuatmen, die in Ihnen auftauchen.

Junge Männer haben meistens einen straffen Bauch. Ungebunden zu sein und sexuelle Erfüllung zu suchen, kann aufregend sein, aber auch Ängste aufkommen lassen. Beides führt dazu, daß man eine Menge Kalorien verbrennt.

Doch wenn ein Mann die gewünschte Partnerin findet, entspannt er oftmals insgesamt, und diese Entspannung kann dazu führen, daß er Gewicht ansetzt. Wir neigen dazu, unserem Verlangen nach Sicherheit zu große Bedeutung beizumessen. Wenn wir dann die Sicherheit bekommen, lassen die Aktivitäten nach. Das wiederum bringt die erweiterte Taille mit sich.
Wie kann ein derartiger Zustand umgekehrt werden? Manche Männer machen sich auf und versuchen mit jungen Mädchen anzubändeln, um den alten Kriegergeist zurückzuerlangen. Andere gehen riskante Geschäftsunternehmungen ein, um das Adrenalin von früher zu spüren. Wieder andere schreiben den strammen Bauch einfach ab und entspannen sich in einem leichter gewordenen Leben.

Wie ist es bei Ihnen? Machen Sie eine Pause und blicken Sie zurück auf den Werdegang Ihres Lebens. Wohin hat es Sie gebracht, und wohin möchten Sie von hier gelangen?

Es gibt natürlich eine unmittelbare Verbindung zwischen sexueller und persönlicher Kraft. Wenn Sie Angst haben, sich sexuell auszudrücken, werden Sie dazu neigen, den Energiefluß durch Bauch und Genitalien abzublocken. Das Ergebnis ist allgemeine Schwäche.

Wie waren Sie in dieser Hinsicht als Heranwachsender? Waren Sie sexuell gehemmt, irgendwie von Schuldgefühlen über Ihre feuchten Träume geplagt? Wie haben Ihre sexuellen Hemmungen Ihre Bauchmuskeln beeinflußt? Blicken Sie zurück und achten Sie darauf, was in Ihnen auftaucht, wenn Sie sich an Ihre frühen sexuellen Gefühle erinnern.

Wie ist es in der Gegenwart? Kann Ihre sexuelle Energie fließen, oder herrschen tief drinnen weiterhin Hemmungen, ein Leugnen Ihres Verlangens und die Angst, Ihre sexuellen Kräfte zu aktivieren? Was empfinden Sie, wenn Sie jetzt eine Hand auf Ihre Genitalien legen und die andere auf Ihren Bauch, die Augen schließen und versuchen, die dynamische Wechselwirkung zwischen diesen beiden Körperpartien zu erspüren?

Eine derartige Meditation ist als regelmäßige Reflexion über Ihr Sexual- und Kraftzentrum sehr zu empfehlen. Der Bauch gilt natürlich als Zentrum Ihrer persönlichen Kraft. Wenn Sie darin solide verwurzelt sind, wird es einen guten Energiefluß von Ihren Füßen die Beine hoch durch den Genitalbereich bis hinein in Ihren Bauch geben.

Schließen Sie die Augen und achten Sie darauf, ob Sie sich gleichzeitig Ihrer Füße, Ihrer Beine, Ihrer Genitalien und Ihres Bauches bewußt sein können, während Sie einige Atemzüge machen.

Während Sie sich der unteren Bereiche Ihres Körpers bewußt sind, erweitern Sie Ihre Wahrnehmung auf Ihr Herz, Ihre Kehle und Ihren Mund. Achten Sie dabei auf die Emotionen, die vielleicht tief in Ihren Genitalien, in Ihrem Bauch und Herzen sitzen und aufsteigen wollen, um jetzt freigelassen zu werden.

Wenn das schmollende, frustrierte und unglückliche Kind endlich seine Gefühle herausläßt, weint es häufig. Ich kann mich an viele Male erinnern, wo ich ein Kind mit hervorgestrecktem Bauch und vorgeschobener Unterlippe in den Räumen oder auf dem Spielplatz sah und es in mein Zimmer bat. Dann stand es mit seinen völlig abgeblockten Gefühlen da, und wenn ich meine Aufgabe richtig machte, kamen die Gefühle schrittweise zum Vorschein. Durch Weinkrämpfe oder Schreien und aggressives Verhalten wurde der große, schwache Bauch dann plötzlich stramm und stark.
Das Weinen an sich sollte als aktive Bauchübung betrachtet werden. Es gibt nichts Besseres für den Bauch, als zu weinen. Betrachten Sie einen Säugling, wenn er weint. Die Bauchmuskeln spannen sich mit Kraft an, denn Weinen ist ja letztlich eine aggressive Handlung. Beim Schreien werden die Bauchmuskeln stark zusammengezogen, und das Schlagen mit den Fäusten und Treten, das oft damit einhergeht, aktiviert sie zusätzlich.
Deshalb erwähne ich diese Möglichkeit. Vielleicht

ist Ihr Bauch groß und schwach, weil Sie den größten Teil Ihres Lebens Ihr Bedürfnis unterdrückt haben, Traurigkeit und Frustration durch Weinen zum Ausdruck zu bringen. Was meinen Sie?
Ich wuchs auf einer Viehranch auf, und es wurde von mir erwartet, daß ich mich nicht gehenließ und weinte. Das war die schlimmste aller Schanden für einen kleinen Cowboy. Und sogar heute noch, als Erwachsener mit den Erfahrungen zahlreicher therapeutischer Sitzungen hinter sich, der sich zudem emotional offen und frei fühlt, weiß ich, daß ich im Ausdruck von Traurigkeit etwas gehemmt bin. Ich kann mich heute noch an das Gefühl im Bauch erinnern, wenn ich gegen die Tränen ankämpfte und mit völlig gehemmten Gefühlen vor den Cowboys und meinen Brüdern stand.

Es scheint im Bauch des erwachsenen Mannes zwei grundlegende Ausdrucksformen aus der Kindheit zu geben. Die erste besagt: »Ich armes Wesen. Niemand liebt mich. Ich bin ganz allein und will nur weinen.« Versuchen Sie es, diese Worte drei- oder viermal zu sagen, und achten Sie darauf, wie Sie Ihre Gefühle und Ihren Bauch beeinflussen.

Die andere Aussage ist: »Ich hasse dich! Ich hasse jeden!« Probieren Sie diese Worte einige Male, und achten Sie darauf, wie sie Gefühle wach werden lassen.

Als große Herausforderung an Sie mache ich Ihnen folgenden Vorschlag: Achten Sie regelmäßig darauf, welche Emotionen Sie im Bauch festhalten, die lieber heraus möchten. Lassen Sie sie das sagen, was sie sagen wollen; lassen Sie sie möglichst oft zur Entladung kommen. Öffnen Sie sich in diesem Augenblick allen Erfahrungen und Gefühlen, die bisher unterdrückt wurden.

9

# Disziplin und Eigenliebe

Psychologische Theorien können das Verständnis für unsere Beziehung zum Bauch fördern, doch letztendlich bedarf es des Handelns, um körperliche Veränderungen zu bewirken. Ein schwacher Bauch ist fast immer ein Anzeichen von mangelnder Disziplin in irgendeinem Bereich der Persönlichkeit. Wenn Sie diese Situation ändern wollen, werden Sie mehr Disziplin entwickeln müssen.

Was halten Sie von Selbstdisziplin?

Wir wissen, daß Säuglinge und Kleinkinder keine Selbstdisziplin haben. Diese Eigenschaft entwickelt sich beim Kind erst später. Wie bereits besprochen, neigen viele Männer mit dicken Bäuchen in einem gewissen Grad zu infantilem, undiszipliniertem Verhalten. Für viele Männer ist es besonders schwer, in bezug auf Essen und Trinken Disziplin zu entwickeln, um ihre Gewohnheiten zu zügeln.

Dasselbe gilt für Bewegungsgewohnheiten. Wenn Sie im allgemeinen körperliche Aktivität vermeiden und es sich lieber bequem machen, wird das Umschalten zu einer aktiveren Selbstbestimmung bedeutende Veränderungen erfordern.

Welche realistischen Maßnahmen gibt es zum langfristigen Aufbau von Disziplin?
Zunächst ist es wichtig, den Zweck disziplinierten Verhaltens zu erkennen. In dieser Hinsicht können die Erkenntnisse der Verhaltenspsychologie der Verbesserung des Körperzustandes dienlich sein. Sie besagen, daß man die Vorteile verstehen muß, die einem zuteil werden, wenn man durch Disziplin eine Gewohnheit in eine wünschenswerte Richtung verändert. Ebenso sollte man die Nachteile, die einen bei ausbleibender Disziplin erwarten, klar vor Augen haben. Die Verhaltenspsychologie basiert auf der Erkenntnis, daß wir von Natur aus Belohnungen und Vorteile wünschen und Strafen und negative Konsequenzen vermeiden wollen.

Was gewinnen Sie, wenn Sie sich dahingehend disziplinieren, daß Sie sich gesünder ernähren und häufiger bewegen? Hier eine Liste möglicher Vorteile, auf der Sie ankreuzen können, was Ihnen zuteil wird, wenn Sie mehr Selbstdisziplin entwickeln.

1. Ein gesünderer Körper
2. Ein erfüllenderes Liebesleben
3. Ein besseres Selbstbild
4. Größere persönliche Kraft
5. Mehr beruflicher Erfolg
6. Ein leichteres Körpergefühl

7. Interessanterer gesellschaftlicher Umgang
8. Geringere Ausgaben fürs Essen
9. Emotionales Wachstum und Freude
10. Umwandlung Ihres Lebensstils

Es gibt natürlich noch viele weitere Belohnungen, die die disziplinierte Umwandlung Ihres Bauches herbeiführen kann. Erstellen Sie sich eine eigene Liste von Vorteilen, die Sie bei einer Verbesserung Ihres Körperzustandes zu erwarten hätten.

Andererseits sollten Sie die negativen Aspekte eines dicken Bauches überdenken, das, was Sie erwarten könnte, wenn Sie keine Disziplin entwickeln.

1. Schlechtes Körpergefühl
2. Verlust an sexueller Attraktivität
3. Schwäche und Versagen im Körperbereich
4. Geringes Ansehen
5. Beschränkter beruflicher Erfolg
6. Die Gefahr von Darmkrebs u. ä.
7. Blockierte Emotionen
8. Ein Gefühl persönlichen Versagens
9. Ablehnung durch geliebte Menschen
10. Allgemeine Bewußtseinsträgheit

Fügen Sie dieser Liste Ihre eigenen Probleme hinzu, die mit dem Beibehalten des dicken Bauches zusammenhängen.

Wenn Sie das Für und Wider der körperlichen Disziplin insgesamt betrachten, halten Sie es für lohnend, an diesem Punkt in Ihrem Leben mit Disziplin zu beginnen? Würden die Vorteile ausreichen, um Sie aktiv werden zu lassen? Halten Sie inne und betrachten Sie Ihre Gefühle dazu.

Wenn Sie sich von den Vorteilen und möglichen Nachteilen motiviert fühlen, wie können Sie diese neugewonnene Energie dann in diszipliniertes Handeln umsetzen?

Der Schlüssel liegt in der Änderung von Gewohnheiten. Sie müssen sich einen einfachen Schritt aussuchen, den Sie mit einiger Sicherheit auch durchführen können, und sich damit testen. Vielleicht haben Sie diesen Prozeß bereits mit einigen der in den vorangegangenen Kapiteln angesprochenen Schritten begonnen. Die Bauch-Atemübung einmal pro Stunde ist einer der besten, denn er aktiviert immer wieder Ihre Erinnerung. Wenn Sie einfach nie an Ihren Bauch denken, werden Sie auch kaum etwas für ihn unternehmen. Also ist jeder Schritt, der Sie daran erinnert, auch wenn er einfach ist und mit Genuß verbunden, eine Etappe auf dem Weg zum Bewußtwerden.

Dann nehmen Sie sich weitere Schritte vor, die Sie sich zutrauen. Bei allen sollten Sie über die in Aussicht stehenden Vorteile reflektieren.

Die Disziplin selbst beinhaltet vier Aspekte. Als erstes müssen Sie Ihren Verstand disziplinieren, daß

er sich daran erinnert, die nötige Zeit und Energie aufzubringen. Dann müssen Sie sich klar darüber sein, welche Handlungen angebracht sind. Anschließend müssen diese Handlungen auch ausgeführt werden, ob es Körperbewegungen sind, Eßgewohnheiten oder Meditationen. Letztlich müssen Sie regelmäßig darüber reflektieren, wie Ihr Vorgehen Ihr Leben beeinflußt, damit Sie sich auf die Belohnungen einstimmen können.
Die Begriffe, die dieses disziplinierte Vorgehen zusammenfassen, sind hier wiedergegeben:

Erinnern
Verstehen
Handeln
Reflektieren

Wenn Sie Disziplin mit dieser Einstellung angehen, können Sie ihr auch noch ein weiteres wichtiges Element unseres Programms hinzufügen: Eigenliebe. Sie ist unablässig für langfristigen Erfolg und für die Freude an diszipliniertem Vorgehen. Mit *Eigenliebe* meine ich, daß Sie in der bewußten Absicht handeln, sich etwas zu geben, was Sie glücklich machen wird. Deshalb ist es bei jeder disziplinierten Handlung wichtig, daß Sie bewußt die Freude erforschen, die Ihnen die Handlung verschafft. Mit einem solchen Ansatz können Sie umgehend eine Disziplin zu einem Verlangen werden lassen.

Reflektieren Sie über die nachstehenden Bereiche der Umwandlung Ihres Bauches, die ich bisher erwähnt habe, und achten Sie darauf, ob Sie am disziplinierten Vorgehen Freude finden können:

1. Reisen der Erinnerung
2. Emotionale Reflexionen und Entladung
3. Trainingsübungen und -haltungen
4. Meditationen über Ihr Selbstbild
5. Verbesserung Ihrer Eßgewohnheiten

Disziplin ist unerläßlich, um diese Vorgänge durchzuführen. Doch es erwarten Sie dabei Freude und natürlich positive Ergebnisse.
Wenn ich Leuten Übungen und Meditationen für zu Hause aufgebe, zeigt mir die Erfahrung, daß sie den Empfehlungen eher folgen werden, wenn die anstehende Disziplin eine sofortige Belohnung in sich birgt, auch wenn sie wissen, daß langfristige Belohnungen das Resultat sein werden.
Angesichts dessen habe ich mich darauf konzentriert, Vorschläge zu entwickeln, die immer Freude bereiten, sobald man versteht, wie sie richtig durchzuführen sind. Und um ehrlich zu sein: Wenn ich ein Programm durchführe, zu dem ich mich diszipliniere, habe ich ein sofortiges gutes Gefühl auch am liebsten.
Wenn Sie also mit irgendeiner Sache erfolgreich sein wollen, achten Sie darauf, daß sie Freude und Eigenliebe beinhaltet.

10

# Die Weisheit des Bauches

Stellen Sie sich vor, Sie stehen morgen früh auf und gehen Ihren Pflichten nach, ohne gefrühstückt zu haben. Sie nehmen sich vielleicht eine Tasse Tee oder einen Saft, essen aber nicht wie gewohnt. Was würde mit Ihnen geschehen? Wahrscheinlich würde ein Teil von Ihnen schon bei dem Gedanken in Panik geraten, und ein anderer Teil würde dieses Vorgehen als lobenswerten disziplinierten Schritt zu einem verringerten Bauchumfang begrüßen.

Im allgemeinen fürchten Menschen das Gefühl, hungrig zu sein. Wir besitzen einen mächtigen, aber antrainierten Appetit, der unsere Nahrungsaufnahme regelt. Doch leider ist die Verbindung des den Appetit kontrollierenden Zentrums mit den wirklichen Ernährungsbedürfnissen fast immer mangelhaft.

Wenn Sie zum Beispiel morgen früh aufwachen, haben Sie bereits genügend Kalorien gespeichert, um Ihren Körper problemlos ein bis zwei Wochen funktionieren zu lassen. Die meisten von Ihnen könnten einen Monat lang mit kaum etwas zu essen gut auskommen, wenn Sie auf Fasten eingestellt wären.

Doch ungeachtet der realistisch vorhandenen Nahrungsreserven im Körper würde Ihre psychische Reaktion auf das ausgelassene Frühstück wahrscheinlich einem Trauma ähneln. Als erstes würden Sie Hunger empfinden, da Ihr Appetit das Frühstück erwartet, aber nicht bekommt. Erwartung ist neun Zehntel des Hungers, wie Sie sicherlich aus Erfahrung wissen. Die Vorstellungen davon, was Sie als nächstes essen werden, rufen Ihre Hungergefühle hervor und schicken Sie auf die Suche nach dem, woran Sie dachten.

Daher ist Disziplin bei der Veränderung von Eßgewohnheiten hauptsächlich eine Frage von alten Denkgewohnheiten, die sich gegen neue wehren, die Bücher wie dieses entstehen lassen. Wenn sich die alten Denkgewohnheiten mit den ersten Regungen der Leere in unserem Magen verbinden, stehen wir einem derartig starken Verlangen gegenüber, daß die meisten von uns nachgeben.

Mein erster Vorschlag, sich gegen die alten Tendenzen zum Überfüttern zu behaupten, sieht deshalb so aus: Beobachten Sie einfach im Laufe der nächsten Tage, wie sich Hunger und Appetit bemerkbar machen. Stehen Sie zum Beispiel morgen mit der Absicht auf, kein Frühstück zu essen. Während die Minuten vorüberziehen, in denen Sie üblicherweise frühstücken, achten Sie genau darauf, was sich in Ihren Gedanken und Gefühlen und in Ihrem Magen abspielt. Die automatischen Mechanismen Ihrer Essenszeiten in Aktion zu empfinden

ist ein bedeutender Schritt zur Kontrolle dieses zwanghaften Verhaltens, vorausgesetzt, Sie wollen diese Kontrolle.
Wenn Sie dem Verlangen nach etwas zu essen doch nachgeben, achten Sie darauf, was geschieht, während Sie Ihren Wünschen entsprechend essen. Wie schnell verschwindet zum Beispiel das hungrige Verlangen? Wie lange bleibt Ihr Appetit befriedigt, bevor er wieder in Ihrem Bewußtsein auftaucht und Sie zur nächsten Mahlzeit drängt?
Was soll am Leersein falsch sein? Warum sind wir bemüht, uns mit Nahrung vollzustopfen, um das Gefühl des leeren Magens gänzlich zu vermeiden? Sicherlich könnte uns Sigmund Freud einige überzeugende Erklärungen für die Ernährungsgewohnheiten von Säuglingen und die instinktive Programmierung aus Angst vor dem Verhungern geben. Wir sind tatsächlich Wesen mit einer tierischen Ernährungsprogrammierung, die vor einigen tausend Jahren auch einen Sinn ergab, als es wichtig war, im Sommer und Herbst Fett anzusetzen, um den langen, nahrungsarmen Winter zu überstehen.
Doch für die Menschen der westlichen Zivilisation hat sich all das geändert. Unser Problem ist genau das Gegenteil. Wir haben so viel Nahrungsmittel zur Verfügung, daß wir uns durch Überessen in Gefahr bringen und so gut wie nie ernsthaft durch Nahrungsmangel bedroht sind.
Die Statistiken unterscheiden sich in Einzelheiten,

aber es gilt als erwiesen, daß der Durchschnittsmann in den Vereinigten Staaten ein bis zwei Kilo hochgiftigen Schlamm in seinem Verdauungstrakt mit sich herumträgt. Dieser Schlamm klebt an den Darmwänden und beeinträchtigt ihre normale Aufnahmefähigkeit in hohem Maße. Der Schlamm besteht hauptsächlich aus halbverdauten schleimbildenden Nahrungsmitteln wie Milchprodukten (besonders Käse), Schweinefleisch, Rinderfett (besonders gebratene Fette) — zu einem geringeren Grad auch anderen Fleischprodukten — und Erzeugnissen aus raffiniertem Mehl.
Manche Männer schleppen sogar fünf bis sieben Kilo von diesem Schlamm im Darm herum. Das ist ein ernst zu nehmender Zustand, denn Krankheiten wie Dickdarmkrebs stehen in unmittelbarem Zusammenhang mit dieser Dauerirritation. Da auch der Stoffwechsel nachweislich ständig durch diese Masse gestört wird, fühlt man sich außerdem chronisch träge und vergiftet.
Trifft das für Sie zu? Wenn ja, was können Sie dagegen tun, und wie sind Sie überhaupt in einen solchen Zustand geraten?

Nehmen Sie sich Zeit, um über den Zustand Ihres Verdauungstraktes zu reflektieren. Ist er gewohnheitsgemäß zu leer oder zu voll?

Eine wirksame Behandlung eines verschlammten Verdauungstrakts ist ein Einlauf mit Wasser oder anderen Flüssigkeiten, womit durch den After der gesamte Darm durch- und ausgespült wird. Es ist eine bemerkenswerte Erfahrung, denn normalerweise sieht man das klare Wasser zu Beginn der Behandlung und dann, was es alles aus einem herausgespült hat. Es ist zwar eine Horrorshow, das mit anzusehen, aber ein Segen, es los zu sein.

Eine derartige Darmspülung ist schmerzfrei, denn man selbst bestimmt Wasserfluß und -druck, so daß die Schmerzgrenze nie erreicht wird. Mich wundert es, daß amerikanische Ärzte diese Behandlung nicht der Hälfte ihrer Patienten regelmäßig verschreiben. Ich empfehle Ihnen, innerhalb weniger Wochen zwei oder drei solcher Spülungen durchführen zu lassen, um Ihren Verdauungstrakt einmal gründlich auszuräumen.

Ein Hindernis dabei ist, daß die meisten Männer einfach vor einer Darmspülung Angst haben und ihnen der Gedanke daran peinlich ist. Niemand begrüßt die Vorstellung, sich einen Schlauch hinten einführen zu lassen, obwohl es schmerzlos ist, und genausowenig gibt man gerne zu, daß man es nötig hat.

Ich fordere Sie jedoch auf, diese Abneigung, falls Sie sie empfinden, zu überwinden und sich um eine Darmspülung zu bemühen. Schenken Sie sich eine zum Geburtstag. Ich weiß, daß die meisten von Ihnen dieser Aufforderung nicht folgen werden, aber ich wünschte, sie würden es. Die Darmspülung ist besser als ihr Ruf und sollte wesentlich häufiger angewendet werden.

Dies ist ein Weg, Ihren Verdauungstrakt für einen neuen Start im Leben zu leeren. Doch Sie können die Frage auch vom anderen Ende des Verdauungstrakts angehen und aufhören, so viele schleimbildende Nahrungsmittel zu essen. Mit regelmäßiger Körperbewegung, die auch Ihren Verdauungstrakt durchschüttelt, machen Sie einen weiteren wichtigen Schritt. Auf einer tieferen Ebene sollten Sie außerdem beginnen, über die Weisheit und Schönheit des Leerseins zu meditieren.

Der letzte bedeutende Gedanke, den ich Ihnen hierzu nahebringen möchte, ist der an die Weisheit und Schönheit des Leerseins. Wir gehören einer Kultur mit einer unglaublich üblen Beziehung zum Leersein an. Wir bemühen uns zwanghaft, andauernd voll zu sein, ohne uns auch nur im geringsten um die Qualität dessen zu kümmern, womit wir uns vollstopfen. Sie brauchen nur einen Abend lang fernzusehen, um zu erkennen, daß wir bei der Qualität von dem, was wir aufnehmen, einen absoluten Niedrigstand erreicht haben. Ob es sich um Sinneseingaben oder Ernährungseingaben handelt, wir füllen uns ständig mit allem auf, was gerade zur Hand ist, anstatt die ganz andere Art der Erfahrung zu genießen, die uns Stille oder ein leerer Magen vermitteln kann.

Neben psychologischen und medizinischen Erkenntnissen haben mich die Zen-Traditionen Chinas und Japans stark beeinflußt. Dort ist Fülle im Interesse optimaler Gesundheit und eines guten Lebens immer mit Leere ausgewogen. Um den herrlichen Geschmack einer guten Mahlzeit zutiefst erfahren zu können, ist es notwendig, davor erst lange genug leer gewesen zu sein, um den Kontrast zwischen den Erfahrungen vollkommen schätzen zu können. Statt durch ständige Völlerei vor der Bedrohung des Verhungerns zu flüchten, ist es laut den Zen-Lehrern am besten, sich dem Hunger zu stellen, damit man sich von der Angst davor befreien kann und endlich ein realistisches Gefühl von Appetit erfährt.

Wie sieht Ihre Beziehung zu Hunger und Leersein aus?

# 11

# Hilfsmittel für das Bauchmuskeltraining

Wenn sich der menschliche Körper frei bewegt, kann eine überraschend schnelle Umwandlung der Muskelbeschaffenheit und -kraft erfolgen. Kalorien werden besonders rasch bei aerobischen Übungen, die den Kreislauf in Gang bringen, verbrannt. Auch das eigene Selbstbild erfährt eine enorme Aufwertung — man sieht sich in einem neuen, gesünderen Licht.

Doch ist der Körper auch dafür gebaut, mit seiner Umgebung zu interagieren. In früheren Zeiten trug ein Mann oft etwas bei sich, womit er sich schützen konnte, und schon das Gewicht dieser Waffe bewirkte eine Anspannung der Bauchmuskeln. Die übliche Arbeit war mit der Handhabung von Geräten und Gegenständen verbunden, wodurch die Bauchmuskulatur ebenfalls gekräftigt wurde.

Heutzutage aber verrichten die wenigsten von uns ihr tägliches Pensum unter Einbeziehung der Bauchmuskeln. Meine Arbeit etwa besteht überwiegend daraus, auf der Schreibmaschine zu tippen oder mit einem Patienten zusammenzusitzen, was höchstens meine Gehörmuskeln beansprucht. Meine therapeutische Arbeit erlaubt es mir, mit der Gesprächstherapie auch immer Bewegung zu verbinden, da ich die Übungen mit meinen Patienten zusammen mache. Ich führe sogar kampfkünstlerische Scheingefechte mit meinen Patienten aus, und das erweckt den Kriegergeist in uns beiden. Dennoch, wenn ich an meine frühen Jahre als Cowboy zurückdenke und an die Zeiten, als ich in Pausen von meiner psychologischen Tätigkeit als Tischler tätig war, wird mir klar, daß ich, was Arbeit mit den Händen betrifft, ein durchaus gesetztes Leben führe. Und Sie?

Um den Mangel an körperlicher Anstrengung auszugleichen und wenigstens eine Annäherung an diese verlorengegangene Dimension des menschlichen Daseins zu erreichen, steht uns heutzutage eine Anzahl wirklich großartiger Geräte zur Verfügung. Einige von ihnen sind kompliziert und teuer, andere wiederum bekommen Sie sehr preisgünstig oder sogar kostenlos. Ich möchte Ihnen einige nennen, die ich für wertvoll halte und die beim Benutzen Freude machen.

Am weitesten verbreitet sind wohl Hanteln. Für das tägliche Training empfehlen sie sich sehr. Ich mag sie aus kunststoffbeschichtetem Metall, weil man sich daran nicht verletzen kann und das Metall nicht sichtbar ist. Ich verwende solche mit 3,5 Kilo Gewicht, was ich für einen Mann durchschnittlicher Größe angebracht finde.

Wenn man Hanteln erstmals in die Hände nimmt, erscheinen sie schwer, doch bald hat man genügend

Muskelkraft aufgebaut, um kreativ mit ihnen umzugehen.
Es sind einfach Gewichte, die man so bewegt, daß sie die Muskelspannung im ganzen Körper verstärken. Ich bin der Meinung, daß die Menschen eine genetisch bedingte Neigung dazu haben, etwas Gewichtiges in den Händen halten zu wollen, und ich hoffe, daß Sie die magische Kraft kennenlernen werden, die beim Arbeiten mit Hanteln im Körper aufsteigt.
Doch ist »arbeiten« nicht das richtige Wort. Sie werden das spielerische Gefühl genießen, das Sie erfahren, wenn Sie diese Gewichte heben und um Ihren Körper schwingen. Wenn ich an all die »Maschinen« denke, von denen ich in diesem Kapitel sprechen werde, so sind die Hanteln meine vorrangige Empfehlung an Sie. Mit ihnen erreichen Sie eine sofortige Muskelbildung und eine Verbesserung Ihres Selbstbildes.
Eine gute Methode, Hanteln anzuwenden, ist folgende: Stehen Sie mit gespreizten Beinen und beginnen Sie behutsam zu erforschen, was geschieht, wenn Sie die Hanteln in eine bestimmte Position bringen und dort halten, während Sie in die dadurch entstehende Körperbelastung hineinatmen. Es kann sein, daß Ihre Bauchmuskeln zu Anfang gar nicht mitarbeiten. Doch dann schaffen Sie die Verbindung zwischen Ihrem Kopf und dem Bauch, und auf einmal strömt Kraft in die Bauchmuskulatur, um die Belastung durch die Hanteln aufzufangen.

Das Gewicht der Hanteln wird Muskeln erwachen lassen, die ansonsten passiv bleiben. Es ist eine Freude, dieses Erwachen der Muskeln zu erleben. Es ist, als würde die Kraft im Mann zu neuem Leben erweckt.

Es gibt drei grundsätzliche Methoden des Umgangs mit Hanteln. Sie können sie in mindestens tausend Positionen halten, die bestimmte Belastungen bewirken, und jede dieser Positionen kann zur spirituellen Meditation werden. Sie können sie auch langsam in der Luft kreisen lassen und dabei rhythmisch atmen, um sich rituelle Muster aus Atmung und Bewegung zu schaffen. Drittens können Sie in spontane Bewegungen übergehen, die zu einem rhythmischen Tanz mit den Hanteln werden. Musik kann solchen freien Bewegungsabläufen eine wichtige zusätzliche Dimension verleihen.

Wenn Sie sich keine Hanteln anschaffen wollen, können Sie ähnlich mit entsprechend großen Steinen üben oder auch mit anderen Gegenständen dieses Gewichts.

Sie können zum Beispiel einen Stock oder eine Keule nehmen, sie in bestimmten Mustern wie ein Samurai sein Schwert um Kopf und Körper schwingen und so das Strömen der Kraft in Ihrem Körper erleben. In den Kampfkunst-Centern können Sie sich ein zeremonielles Holzschwert besorgen, um damit eigene Bewegungsabläufe zu gestalten. Natürlich können Sie auch entsprechenden Schulen beitreten und an Kursen teilnehmen. Sie sollten jedoch aufpassen, daß Sie sich nicht in ein ausgesprochen »kampfbetontes« Trainingsprogramm verstricken, da dabei vieles von dem spielerischen Charakter der Bewegungen verlorengeht, von dem wir hier sprechen. Den Bauch übermäßig zu verhärten halte ich für genauso ungesund, wie ihn zu schwammig werden zu lassen. Doch wenn Sie derartige Programme prüfen, werden Sie sicherlich das Passende für sich finden. Oder Sie kaufen sich ein etwa ein Meter langes Holzschwert und entwickeln damit eigene, spontane Bewegungsabläufe. Ein Stock aus dem Wald kann dabei genauso dienlich sein.

Natürlich ist Tennis oder Squash auch ein ausgezeichnetes Training für die Bauchmuskeln, wie auch Basketball oder Volleyball. Ihrer Bauchumwandlung würde es auch guttun, wenn Sie sich einem wöchentlich spielenden Sportclub anschlössen. Dabei ist jedoch wichtig, daß Sie die entsprechende Kondition haben, bevor Sie aktiv mitspielen.

Zu den komplizierteren Fitneßgeräten gehört an erster Stelle die bewährte Übungsbank, auf der Sie mit gebeugten Knien und fest verankerten Füßen Sitzübungen machen. Das ist in jedem Fall nützlich, doch wenn Sie bereit sind, etwas mehr für Ihre Bauchfitneß auszugeben, sollten Sie vielleicht einen Schritt weitergehen und sich den für den Bauch wertvollsten Apparat anschaffen, ein Rudergerät. Es vermittelt Ihnen ein Gefühl von Bewegung, das zutiefst meditativ ist und den gesamten Körper mit einbezieht. Besonders zur kalten Jahreszeit, wenn die Witterung regelmäßiges Laufen nicht zuläßt, schafft ein Rudergerät den idealen Ausgleich.

Manche Leute schwärmen gleichermaßen für Langlaufski-Heimtrainer, und Sie sollten einen ausprobieren, um festzustellen, ob diese Bewegungsart Ihnen mehr zusagt als die mit dem Rudergerät. Die Wirkung des Langlaufski-Heimtrainers ist ausgezeichnet, obwohl ich für mich den Bewegungsablauf am Rudergerät vorziehe.

Es gibt viele weitere Heimtrainer mit ähnlicher Wirkung. Sie alle bieten den Muskeln Widerstand und haben gute Trainingswerte pro Bewegungsminute. Einschränkend würde ich lediglich vorschlagen, daß Sie übermäßiges schweres Gewichtheben vermeiden. Sie entwickeln dadurch zwar die rein muskulöse Hebekraft, aber oftmals schwindet dabei das Potential für spontane Bewegungsabläufe.

Ich möchte Sie also ermutigen, sich unter den Geräten umzusehen, die Ihre Bauchumwandlung begünstigen können. Lassen Sie sich dabei Zeit, und informieren Sie sich gründlich. Vielleicht können Sie solche Geräte bei Freunden und Bekannten ausprobieren, bevor Sie sich eins zulegen. Bitte denken Sie jedoch daran, daß Gerätetraining nie mehr als die Hälfte Ihres Gesamttrainings ausmachen sollte. Freie Bewegung ist und bleibt die Basis

des gesunden Zusammenwirkens von Geist und Körper.
Auch empfehle ich langsame Dehnübungen, die zur Abrundung eines Übungsprogramms unerläßlich sind. Hatha-Yoga (Körperdehnen) ist die klassische Methode zum Verständnis von Bewegung und lehrt einen die tiefreichende Beziehung zwischen Muskeln und Bewußtsein. Ich befürworte ganz besonders ein ausgewogenes Trainingsprogramm mit Heimgeräten und wöchentlichen Hatha-Yoga-Kursen.
Es gibt zweifellos viele Wege, die Sie ausprobieren können, um das an Bewegungsprogrammen zu finden, was Ihnen am meisten zusagt. Manche Menschen halten ihren Bauch durch regelmäßiges Tanzen in Form. Es ist eine der ältesten und kraftvollsten Methoden, gleichzeitig die Gesundheit zu pflegen und kreativen Ausdruck durch Bewegung zu finden. Einmal in der Woche einen Tanzabend einzulegen ist eine der erfreulichsten Disziplinen, die Sie ausüben können.
Um sich das Zusammenstellen eines Bewegungsprogramms leichter zu machen, erstellen Sie sich eine Liste der Bewegungs- und Trainingsmöglichkeiten, mit denen Sie einen Wochenplan gestalten können.
Ich hoffe, daß Sie bald wirksame und erfreuliche Wege finden werden, um Ihre Bauchmuskulatur zu trainieren.

# 12

## Bauchbewußtsein

Wir sind nun gemeinsam viele wichtige Fakten über Ihre Beziehung zu Ihrem Bauch durchgegangen. Sie haben jetzt in fünf verschiedenen Bereichen praktische Schritte zur Verfügung, um die Beschaffenheit Ihres Bauches zu verbessern. Die vielleicht wichtigste Grundlage, die wir aus mehreren Richtungen angegangen sind, ist Ihr sich ständig erweiterndes, auch den Alltag durchdringendes Bewußtsein über Ihren Bauch.

Was glauben Sie, wie oft Sie sich täglich der Gefühle in Ihrem Bauch bewußt sind? Sind Sie sich seines Zustandes eher nicht bewußt, oder registrieren Sie Veränderungen des Muskelzustandes, der Emotionsströme und andere subtilere Gefühle, die dort regelmäßig auftauchen?

Die physiologische und emotionale Realität sieht so aus: Im Laufe Ihres gesamten Lebens spielt sich ununterbrochen etwas Dynamisches in Ihrem Bauchbereich ab. Es gibt immer irgendeine Emotion im Bauch, die Sie wahrnehmen können. Ihr Bauch ist somit das ständige Barometer dessen, was sich tief in Ihrer Psyche abspielt.

Wenn ich Therapiegespräche mit einem Patienten führe, fordere ich ihn häufig auf festzustellen, wie unsere Diskussion die Gefühle in seinem Bauch beeinflußt. Nach einigen Sitzungen brauche ich nur noch auf den Bauchbereich des Patienten zu sehen, und er versteht es als Aufforderung, sich in dem Augenblick auf seinen Bauch zu konzentrieren.

Es ist natürlich die größte Herausforderung im Leben überhaupt, sich in jedem Moment bewußt zu werden, was in einem und um einen herum geschieht. Da der Bauch der eigentliche Sitz der Emotionen ist, ist Bauchbewußtsein ein wesentlicher Schritt zur allgemeinen Bewußtseinserweiterung.

Das Merkwürdige am Bauchbewußtsein ist, daß Sie Ihr physiologisches, emotionales und tieferliegendes intuitives, spirituelles Bewußtsein gleichzeitig durch die einfache Konzentration auf Ihren Bauchbereich verstärken.

Wenn Bauchbewußtsein so wichtig ist und sich zudem so einfach erfahren läßt, warum sind sich dann die meisten Menschen der großen Sinfonie der Erlebnisse in ihrem Bauchbereich kaum bewußt?

Die Antwort darauf ist einfach, aber es läßt sich oft nichts dagegen unternehmen. Die meisten Menschen haben Angst vor tieferliegenden Emotionen. Sie vermeiden es zum Beispiel, schmerzhafte Emotionen zuzulassen. Auch laufen sie vor Emotionen weg, die mit Angst zu tun haben. Sie meiden Kontakt mit Gefühlen wie Abscheu und Ekel. Kurzum, sämtliche negativen Gefühle, die im Bauch auf natürliche Weise als Reaktion auf Begegnungen mit der Außenwelt aufkommen, werden daran gehindert, bis ins Bewußtsein aufzusteigen. Praktisch alle Menschen haben diese automatischen Gewohnheiten, negative Gefühle zu vermeiden. Zum Nachteil unseres emotionalen Gesamtbefindens besitzen wir leider die Fähigkeit, unsere Gefühle automatisch in den Bauch hinabzuschieben und sie dort völlig zu ignorieren.

Tun Sie das manchmal auch?

Wenn ja, mit welchem Ergebnis?

In meinem eigenen Leben und auch in meiner Arbeit als Therapeut habe ich immer wieder feststellen müssen, daß Emotionen, die ignoriert und in den Bauch gestopft wurden, dort buchstäblich ein ganzes Leben lang erhalten bleiben können. Sie behalten ihre negativen Aufladungen bei, stören tieferliegende emotionale Vorgänge und beeinträchtigen zudem den Stoffwechsel und die Beschaffenheit des Bauches. Vergrabene Emotionen sind nicht verschwunden. Wir machen uns etwas vor, wenn wir glauben, daß wir ein schlechtes Gefühl einfach ignorieren können und es dadurch für immer losgeworden sind.

Ich habe oft bemerkt, daß Männer mit dicken Bäuchen versuchten, ihre abgelehnten Gefühle unter einer möglichst dicken Fettschicht zu begraben, so, wie wir glauben, daß wir Atommüll so tief vergraben können, daß er nie wieder auftauchen wird, um uns zu schaden. In beiden Fällen lügen wir uns etwas in die eigene Tasche. Bei vergrabenen Bauchgefühlen weiß ich, daß es so ist. Ich weiß auch, daß es nur einen Weg gibt, alte Gefühle endgültig loszuwerden. Sie müssen an die Oberfläche kommen können, akzeptiert und erfahren und dann losgelassen werden.

Der tauglichste Weg, diesen Heilungsprozeß im Bauch zu fördern, ist der, erneut offene, ehrliche Kommunikation zwischen dem Bewußtsein und den Bauchgefühlen entstehen zu lassen. Ich habe Ihnen eine Anzahl von Methoden zu diesem Ziel gegeben. Wie Sie damit umgehen, kann natürlich nur Ihnen überlassen bleiben. Die meisten Menschen verbringen ihr Leben, ohne etwas zur Gesundung ihres Bauchbereichs zu unternehmen. Sie können also sicher sein, daß Sie sich in der Mehrheit befinden, wenn Sie es vorziehen, dieses Buch ins Regal zu stellen und es bei Ihrem derzeitigen Bauchzustand zu belassen. Doch andererseits ist es so einfach, den entgegengesetzten Weg einzuschlagen, daß ich wirklich hoffe, Sie lassen Ihrem Bauch heilende Liebe zuteil werden.

# Abschließende Worte

## Ein lebenslanger Fitneßplan

Jetzt, da Sie die verschiedenen Programme und Vorschläge dieses Buches gelesen haben, stellt sich die Frage: Was werden Sie tatsächlich vornehmen oder unterlassen, was Ihre Beziehung zu Ihrem Bauch erweitern und die positive Veränderung bewirken könnte, die Sie wünschen?

Der erste Schritt ist immer der, zurückzugehen und die entsprechenden Übungen und Meditationen im Text nachzulesen. Tun Sie das so oft wie erforderlich, um die Programme auswendig zu lernen, damit Sie sie regelmäßig durchführen können.

Der nächste wichtige Schritt ist, eine Liste dessen zu erstellen, worauf Sie sich in den kommenden Wochen konzentrieren wollen, damit Sie eine klare, schriftliche Aufstellung Ihrer Zielsetzungen zur Hand haben.

Manche von Ihnen werden diese beiden Anregungen bereits ausreichend für ihr Wachstum finden, wenn sie dabei dieses Buch als Leitfaden für die Übungen und Meditationen verwenden. Andere könnten jedoch feststellen, daß ihre Motivation rasch schwindet, wenn sie allein mit dem Buch aktiv werden sollen. Wenn das für Sie zutrifft, möchte ich einige zusätzliche Wege vorschlagen, auf denen Sie es sich leichter machen können, sich regelmäßig auf die Programme zu konzentrieren.

### *Zusammenarbeit mit einem Freund*

Wenn man sich mit einem neuen Programm oder einer Aufgabe befaßt, ist es oftmals hilfreich, es mit jemandem gemeinsam zu tun, der ähnliche Interessen hat. Optimal wäre es, eine Bauchgemeinschaft für Männer in Ihrer Gegend zu finden oder zu gründen, wobei dieses Buch als grundsätzliche Anleitung und Anregung dienen könnte. Eine derartige Gruppe kann äußerst wertvoll sein, und ich empfehle sie sehr.

Sie können sich jedoch auch mit einem Freund zusammentun, der dieses Buch oder ähnliche Anregungen kennt, und sich gegenseitig helfen, die verschiedenen Übungen und Meditationen auszuprobieren. Das ist besonders hilfreich bei den frühen Erinnerungen und den gesprochenen Reflexionen. Viele Menschen finden es schwierig, im Buch lesen zu müssen, dann die Augen zu schließen und zu meditieren, dann wieder einen Vorschlag zu lesen usw., d. h. immer zwischen Anleitung und eigener Erfahrung hin und her pendeln zu müssen.

Damit kommen wir zu einem sehr wichtigen Punkt, der Teil jeder Therapie ist. Wachstum wird

wirksam angeregt, wenn ein Mensch für eine gewisse Zeit die Rolle des Leitenden übernimmt und der andere sich leiten läßt.
Bei meiner therapeutischen Arbeit dient natürlich vor allem meine Stimme dazu, den Patienten in einen Wachstumsprozeß hineinzuführen. Wenn ein Patient mit geschlossenen Augen entspannen kann und sich gesprochene Vorschläge anhört, ist eine ideale Situation für tiefgreifendes Erfahren geschaffen.
Ich habe Ihnen in diesem Buch viele der Vorschläge unterbreitet, die ich regelmäßig bei Patienten in der Praxis anwende. Wenn Sie also zusammen mit einem Freund arbeiten, kann einer von Ihnen einen Vorschlag aus dem Buch vorlesen oder ihn in eigene Worte fassen, während der andere mit geschlossenen Augen entspannt, den Text verinnerlicht und sich der neuen Erfahrung überläßt, die von dem Vorschlag angeregt wird. Nach einigen Minuten entspannter Stille kann dann ein weiterer Vorschlag vorgelesen werden, damit der Meditierende eine neue Richtung erhält, in die er sich mühelos bewegen kann.
Sie können eine halbe Stunde damit verbringen, bestimmte Teile des Buches auf diese Weise durchzuarbeiten. Dann, später am Tage oder in der Woche, können Sie die Rollen tauschen und Ihren Freund in gleicher Weise führen.
Dies ist ein besonders wirksamer Weg zum Wachstum. Sie bedienen sich dabei therapeutischer Anregungen und haben einen Freund bei sich, mit dem

Sie nach der Sitzung auch noch Gedanken über das Erfahrene austauschen können. Derartiges Zusammenarbeiten beschleunigt die Weiterentwicklung. Ihr Freund muß übrigens selbst kein »Bauchproblem« haben, um Sie auf diese Weise zu führen. Jeder kann diese Funktion für Sie übernehmen und Ihnen damit erheblich helfen. Sie können die Texte aus dem Buch auch selbst auf Band sprechen und Sie sich dann selbst vorspielen, während Sie entspannen und auf die Vorschläge eingehen.

### *Gesprochene Sitzungen*

Weitere Unterstützung bei der Erforschung Ihrer Beziehung zu Ihrem Bauch erfahren Sie durch die Anwendung der gesprochenen Lektionen, die ich zu diesem Thema vorbereitet habe. Meine Patienten erhalten diese regelmäßig, um sie im Laufe der Woche zwischen unseren Sitzungen anzuwenden. Dieses Mittel der zusätzlichen Führung von Patienten setze ich seit vielen Jahren ein. Die Erfahrung daraus zeigt, daß vieles an Erkenntnissen und emotionalem Wachstum mit derartigen Kassettenprogrammen in den eigenen vier Wänden stattfinden kann. Gewisse Menschen benötigen die unmittelbare Interaktion mit dem Therapeuten, um zu wachsen, aber die Mehrheit kann sich durchaus selbst weiterhelfen, wenn entsprechende Anleitungen zur Hand sind.

Eines steht fest: Sie werden für den Rest Ihres Lebens eine unmittelbare Beziehung zu Ihrem Bauch haben. Es ist daher sinnvoll, dieses wichtige Verhältnis regelmäßig und bewußt zu verbessern. Wir wollen deshalb eine rasche Zusammenfassung der verschiedenen Wege vornehmen, die Sie in diesem Buch zur Einstimmung auf Ihren Bauchbereich kennengelernt haben.
Wir beginnen mit der Betrachtung der vier Faktoren, die die Form und Gesundheit des Bauches bestimmen. Erstens werden Größe und Arbeitsweise Ihres Verdauungstraktes von Ihren Eßgewohnheiten bestimmt. Zweitens gibt es den Muskeltonus im Bauchbereich, dessen Beschaffenheit Sie fördern oder vernachlässigen. Drittens fließt ein Strom an Emotionen im Bauchbereich, der auch abgeblockt sein kann. Zu guter Letzt folgt das Selbstbild, das allen anderen Einflüssen auf die Größe und Gesundheit Ihres Bauches zugrunde liegt.

Als abschließenden Vorschlag dieses Programms möchte ich die wichtigste Bauchmeditation empfehlen, die Sie täglich vornehmen können, wenn Sie wirklich eine optimale Beziehung zu Ihrer Körpermitte erreichen wollen. Machen Sie es sich zur Gewohnheit, morgens nach dem Aufwachen einige Minuten lang auf der Bettkante zu sitzen, bevor Sie aufstehen, oder woanders, bevor Sie das Schlafzimmer verlassen. Richten Sie Ihre Aufmerksamkeit auf Ihre Atmung, dann auf die Gegenwart Ihres Körpers im Zimmer, während Sie atmen. Stimmen Sie sich dann auf Ihren Bauch ein, und begrüßen Sie Ihre Körpermitte. Treten Sie in bewußten Kontakt mit diesem Teil von sich, bevor Sie zu den Tagesaktivitäten übergehen. Begrüßen Sie Ihren Bauch wie einen Freund, den Sie morgens treffen. Lassen Sie Liebe in diesen Bereich hinabströmen. Schicken Sie ihm einen bewußten, positiven Funken der Zusammengehörigkeit, der einen ganzen Tag Bauchbewußtsein und Handlungen auslöst, die Ihnen bei der Lösung Ihres Problems weiterhelfen.

Ich habe hervorgehoben, daß das Schlüsselelement bei der Umwandlung Ihres Bauches Ihr ständiges Bewußtsein seiner Existenz an jedem einzelnen Tag ist. Diese wichtige Verbindung zwischen Ihrem Geist und Ihrem Bauch ist es, die die Umwandlung tatsächlich zustande bringt.

Wenn Sie also morgens dasitzen und einige Minuten meditieren, treten Sie als erstes in intimen Kontakt mit diesem Teil Ihres Körpers im Sinne einer physischen wie auch emotionalen Einheit. Dann reden Sie ein wenig mit Ihrem Bauch und erzählen ihm, was Sie im Laufe des Tages unternehmen werden, damit es ihm bessergeht.

An dieser Stelle Ihrer morgendlichen Meditation überdenken Sie die vier Faktoren, die Sie steuern können, um Ihrem Bauch ein besseres Aussehen und Gefühl zu verschaffen:

*Ihre Ernährung:* Erzählen Sie Ihrem Bauch, wie Sie weniger und gesündere Nahrung auf entspanntere, verdauungsfreundliche Weise essen werden. Verpflichten Sie sich zu einem positiven Schritt, indem Sie zum Beispiel beschließen, einen Nachtisch auszulassen, oder sogar eine ganze Mahlzeit, einen Schoko-Riegel, ein Glas Wein oder ein Bier. Gehen Sie eine feste Verpflichtung ein, und achten Sie darauf, ob Sie sich den Tag über daran erinnern können und sich daran halten.

*Ihre Bewegung:* Verpflichten Sie sich als erstes, sich im Tagesverlauf sämtlicher Bewegungen, die den Bauch beeinflussen, so bewußt wie nur möglich zu sein. Derartiges Bewußtsein hilft Ihnen, Ihre Bauchmuskeln den Tag über möglichst oft anzustrengen und somit zu straffen. Verpflichten Sie sich ferner, morgens und abends mindestens fünf Minuten lang Übungen zu machen. Sie haben sie bereits gelernt und können daraus eigene entwickeln. Sie sollten jeden Tag eine eigene neue Haltung erfinden und so ein Repertoire an Bewegungen aufbauen, bei denen Sie spüren, wie sie Ihre Bauchmuskeln aktivieren.
Sorgen Sie dafür, täglich eine halbe Stunde spazierenzugehen und eine Viertelstunde zu laufen, um so regelmäßig Ihren Kriegergeist zu beleben.

*Ihre Emotionen:* Verpflichten Sie sich Ihrem Bauch gegenüber, regelmäßig Pausen einzulegen, um aufzuspüren, was für Gefühle er in sich trägt. Atmen Sie in diese Gefühle hinein, lassen Sie sie aufsteigen und sich auflösen, statt daß sie in Ihrem Bauch begraben bleiben, wo sie Ihnen nur Schwierigkeiten bereiten. Entscheiden Sie auch an jedem Morgen, ob Sie im Laufe des Tages eine kurze Sitzung einlegen wollen, bei der Sie sich dieses Buch vornehmen und sich für emotionale Entladung und Erkenntnisse öffnen.

*Ihre Gedanken:* An jedem neuen Tag stellen Sie sich der Herausforderung, sich auf Ihr Selbstbild zu konzentrieren, damit Ihr Geist eine neue, stärkere und gesündere Vorstellung davon entwickeln kann, wie Ihr Körper aussehen und sich fühlen soll. Sprechen Sie mit sich selbst über Ihren Bauch, stellen Sie sich bildlich vor, wie Sie aussehen und wie Sie aussehen wollen. Dieser Vorgang benötigt viel Zeit und findet eigentlich Ihr ganzes Leben lang statt, also entwickeln Sie die Gewohnheit, ein derartiges Selbstbild zu fördern. Sehen Sie zu, daß es Ihnen gelingt, sich mindestens zu einigen Sitzungen pro Woche mit diesem Buch oder einem Freund zu verpflichten, um zur positiven Entwicklung Ihres Selbstbildes beizutragen.

Wir haben Ihre Erinnerungen betrachtet, Ihre gegenwärtigen Gewohnheiten und Ihren erwünschten zukünftigen Zustand im Hinblick auf diese vier Hauptfaktoren zur Umwandlung des Bauches. Sie haben jetzt das Werkzeug, das Sie brauchen, oder wissen zumindest, wie Sie es bekommen. Auch haben Sie nun ein fundiertes Verständnis für den Prozeß der Umwandlung, der Ihnen helfen kann, Ihren Bauch in optimale Form zu bringen und ihn Ihr Leben lang so zu halten.

Aber noch dringender hoffe ich, daß Sie zu einer neuen Beziehung zu Ihrem Bauch gelangt sind, und zwar so, wie er jetzt ist, damit Sie sich auch lieben können, wenn Sie sich nicht vollkommen finden. Lassen Sie diese Liebe in den folgenden Tagen, Wochen und Monaten zum wichtigsten Beitrag zur Umwandlung Ihres Bauches werden. Nichts ist an Ihrem derzeitigen Zustand falsch, und nichts hindert Sie daran, sich schrittweise zu einem neuen Wesen mit einem neuen Bauchgefühl zu entwickeln. Das ist der dualistische Zauber des Lebens!

Also wünsche ich Ihnen alles Gute. Lieben Sie Ihren Bauch, verpflichten Sie sich, einiges für ihn zu unternehmen, und gönnen Sie sich jeden Tag Freude als Gegenleistung für Ihre Bemühungen um einen besseren Zustand. An dem gesamten Vorgang Freude zu haben ist das Wichtigste überhaupt!

Knaur

# Gesundheit!

(7749)

(7844)

(7798)

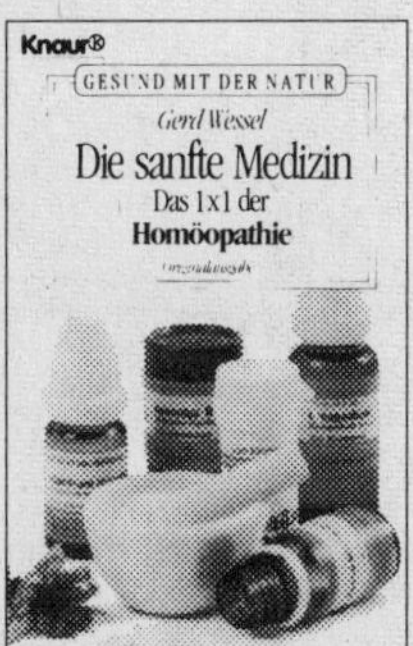


(7760)

(7732)

(4306)

Knaur

# Rat und Tat

(7883)

(7666)

(4009)

(7830)

(7831)

Die Kassetten zu allen im Knaur Verlag erschienenen Büchern von John Selby sind beim SSG-Verlag erschienen. Sie sind über den Buchhandel oder über den SSG-Verlag, Alte Schule, 3544 Waldeck 1, zu beziehen.

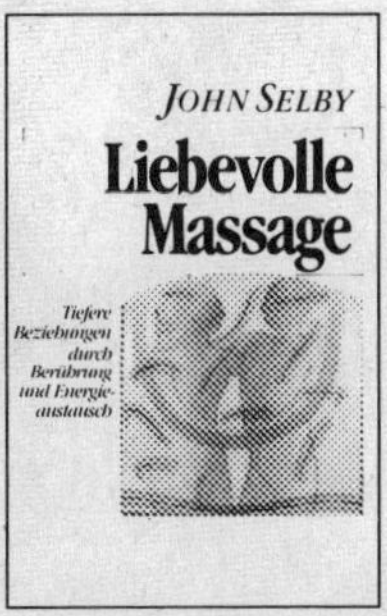


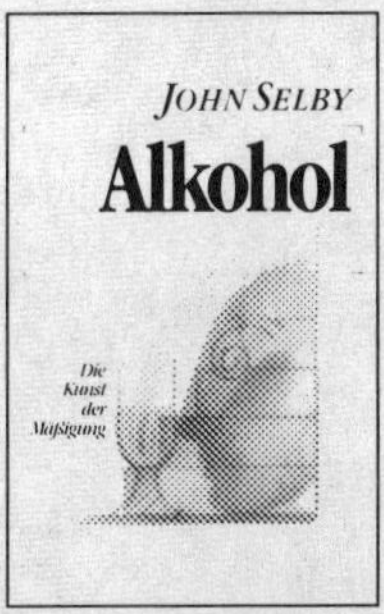